ANDRÉ GAVET

L'ART DE COMMANDER

PRINCIPES DU COMMANDEMENT

À L'USAGE

DES OFFICIERS DE TOUT GRADE

TROISIÈME ÉDITION

BERGER-LEVRAULT, ÉDITEURS

PARIS | NANCY
RUE DES BEAUX-ARTS, 5-7 | RUE DES GLACIS, 18

1912

L'ART DE COMMANDER

ANDRE GAVET

L'ART DE COMMANDER

PRINCIPES DU COMMANDEMENT

A L'USAGE

DES OFFICIERS DE TOUT GRADE

TROISIÈME ÉDITION

BERGER-LEVRAULT, ÉDITEURS

PARIS
RUE DES BEAUX-ARTS, 5-7

NANCY
RUE DES GLACIS, 18

1912

AVERTISSEMENT DE L'AUTEUR

Les principes du commandement peuvent être formulés en quelques lignes ([1]). Quelques pages sont nécessaires, lorsqu'on tient à les démontrer et à faire passer sa conviction dans l'âme du lecteur. Ce sont ces quelques pages que je publie.

Cette étude se divise en deux parties :

La première est une étude expérimentale, un examen direct des propriétés du commandement, d'après des observations que tout officier a l'occasion de faire dans l'exercice de sa fonction.

La deuxième partie coordonne les données

---

[1]. J'ai formulé ces principes, en quelques lignes, dans un article sur « l'Art de commander » qui a paru dans la *Revue du Cercle militaire,* en avril 1896, et dont on retrouvera ici quelques passages.

ainsi acquises, reconstitue l'organisme de commandement et le montre dans son fonctionnement.

La nature du commandement ne se comprend tout à fait que si l'on a, tout d'abord, des idées claires sur le milieu organique dans lequel il fonctionne.

En dépit de leur simplicité, ces premières notions sont assez mal établies et peu répandues. J'ai dû les tirer au clair et les rassembler. C'est ainsi que j'ai cherché à définir le rôle de l'armée, de l'officier, des corps d'officiers, etc.

Les études de détail ou les justifications raisonnées de certains points ont été rejetées à la fin du volume, sous la forme de notes reliées au texte par des renvois. Le texte étant ainsi allégé, l'enchaînement logique des idées est plus aisé à suivre ; la démonstration se développe mieux dans l'esprit du lecteur.

Je n'ai pu éviter de procéder parfois par comparaison ou d'employer un style figuré. Ces images étaient nécessaires pour bien faire saisir certaines idées que les explications théoriques sont impuissantes à mettre entièrement en lumière.

C'est uniquement à une préoccupation de clarté qu'on devra attribuer ces efforts d'expression, qui passeraient aisément pour des prétentions ambitieuses de style.

La seule ambition qui me reste est d'expliquer et de vulgariser l'art de commander, élément de force essentiel de l'armée, qui n'est ni aussi connu ni aussi pratiqué qu'on le pourrait désirer.

Le Raincy, 1er janvier 1899.

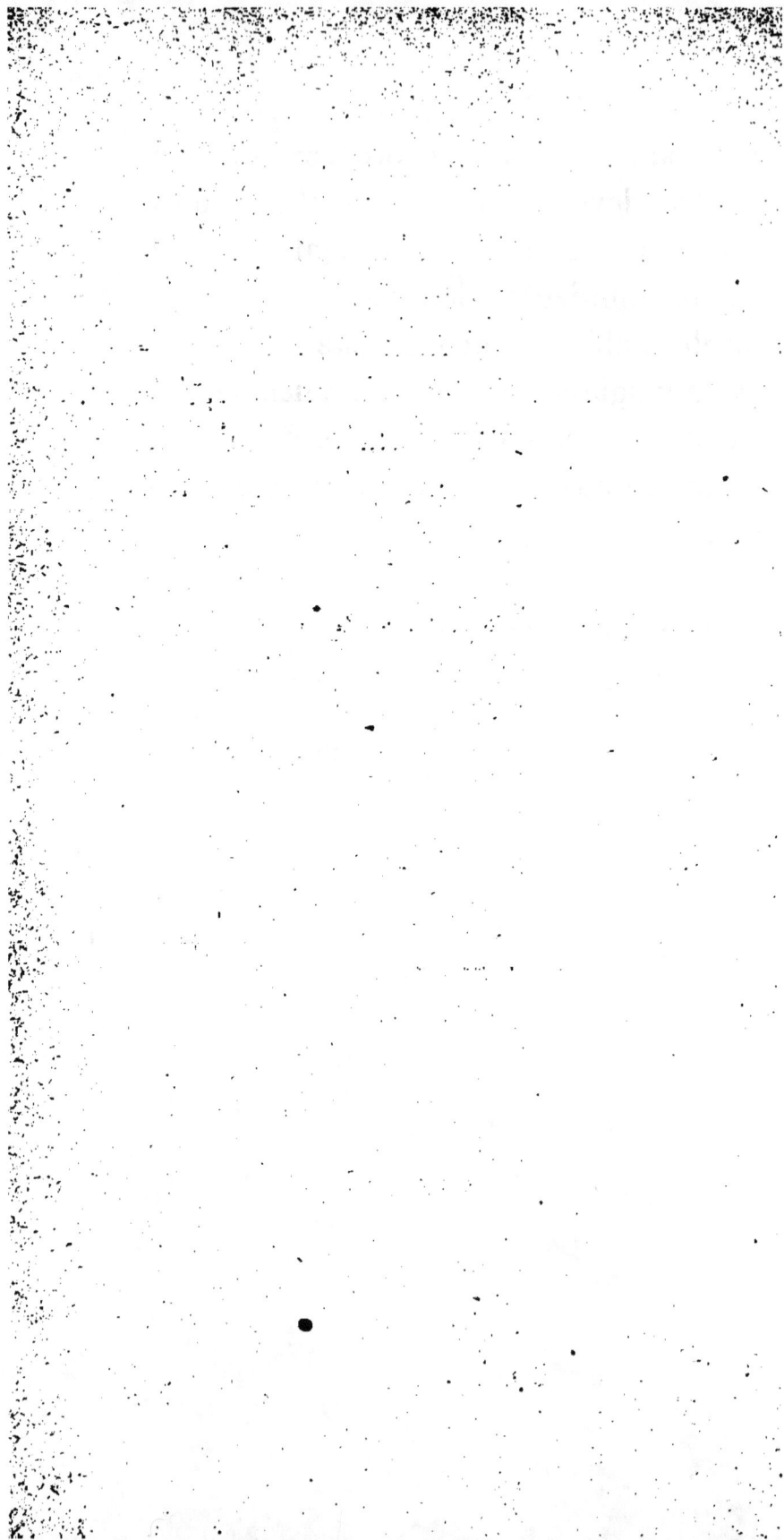

ESPRIT GÉNÉRAL

DONT S'INSPIRENT LES DIVERSES PARTIES DE L'OUVRAGE

La fonction de l'armée, c'est l'exécution du *devoir national de guerre* qui s'impose parfois aux peuples. — Le dévouement de l'armée, du soldat, de l'officier, est un *devoir civique envers la Nation.*

Le devoir du soldat n'est qu'une forme du devoir du citoyen, c'est le devoir du citoyen envers la patrie, lorsqu'il est dans sa fonction de soldat.

La discipline est, non pas un asservissement, mais un devoir d'homme libre. Elle n'est pas autre chose que le devoir militaire du citoyen envers la Nation, nettement formulé, et garanti dans son exécution par les sanctions nécessaires.

La subordination, c'est ce même devoir, librement accepté par les bons citoyens, sous la forme imposée par la structure hiérarchique de l'armée, lorsqu'ils sont dans leur devoir de soldat.

L'officier est le maître exemplaire et autorisé du *devoir civique de guerre*. C'est ce titre qui lui donne droit à l'obéissance et au respect des jeunes hommes qu'il a charge de mettre à même de s'acquitter de leur devoir civique de guerre.

Il n'y a pas de mission plus belle que celle de l'officier. Il n'y a pas d'autorité *plus évidemment légitime* et incontestable que la sienne; il n'en est pas de plus *hautement morale*

En temps de paix, *il fait, il fabrique* l'Armée. Il est le perpétuel redresseur de tout ce qui peut y pencher. Les corps d'officiers sont les *foyers de vie et de moralité* de l'armée. C'est la valeur morale de ces milieux qui fait la force de l'armée.

Le drapeau est l'emblème personnel que la Nation confie à ses soldats pour se dire présente parmi eux et pour l'élever, à de certains moments, comme un ordre absolu de *fournir le devoir*.

L'officier est celui qui sait toujours où est le *devoir* et qui est toujours prêt à le montrer.

La répression n'est faite que pour ramener

à la pratique du devoir ceux qui s'y dérobent ou pour les éliminer au besoin, s'ils deviennent dans l'armée des éléments malsains.

Agir par l'intimidation, c'est enseigner à des soldats *la peur*.

C'est aux sentiments de devoir, de courage, de fierté, d'énergie, de dignité personnelle qu'il faut constamment faire appel.

Ce que le soldat et l'officier doivent comprendre, c'est qu'ils collaborent en commun, hiérarchiquement, *mais sur un pied d'égale dignité civique,* à un même devoir national.

———

PREMIÈRE PARTIE

OBSERVATION ET ANALYSE

OBSERVATIONS RAISONNÉES

SUR LA NATURE ET LES PROPRIÉTÉS DU COMMANDEMENT

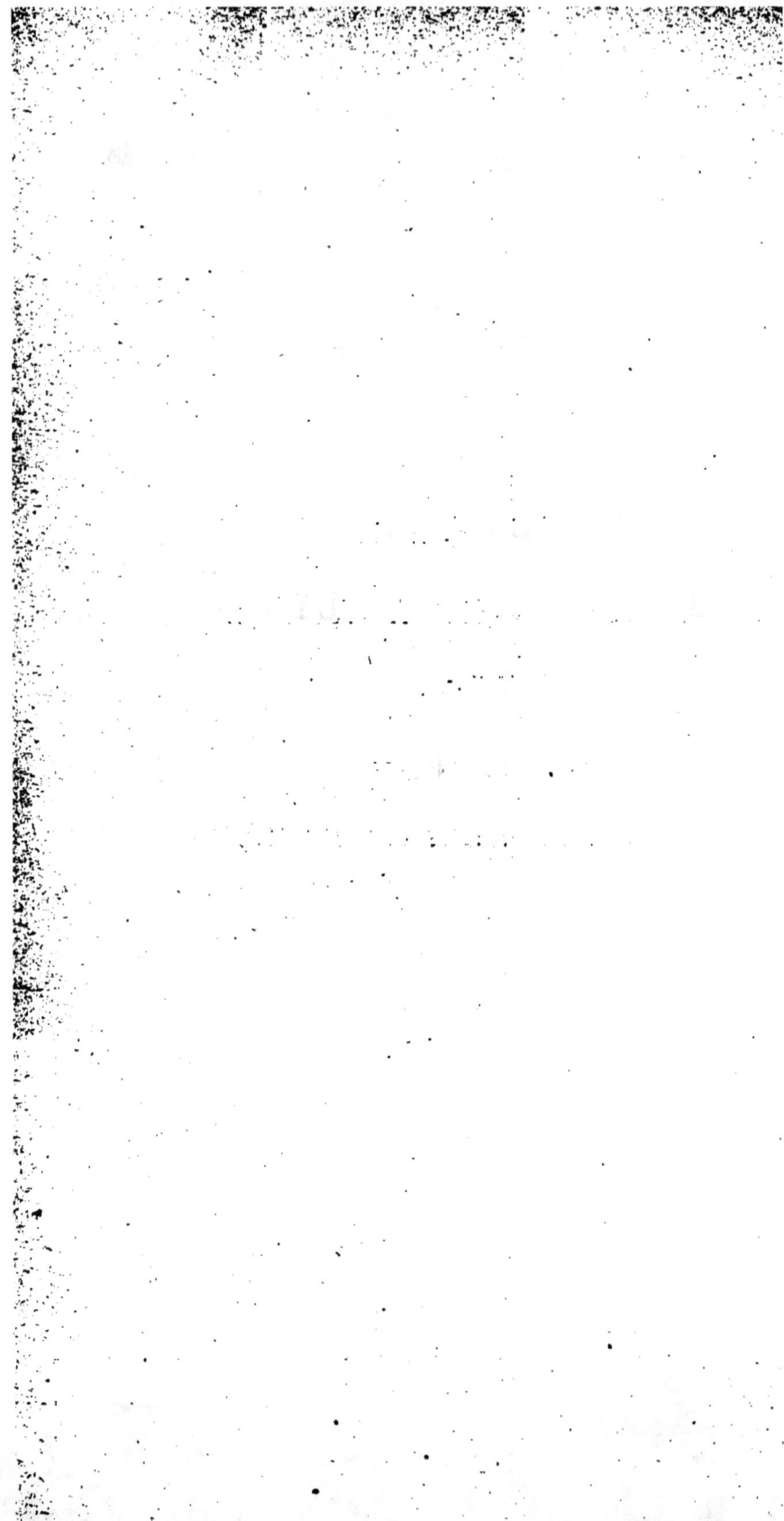

PREMIÈRE PARTIE

OBSERVATION ET ANALYSE

Observations raisonnées
sur la nature et les propriétés du commandement.

I

LE COMMANDEMENT, ART PROFESSIONNEL DE L'OFFICIER

L'art de commander est l'art professionnel de l'officier. — Chaque officier doit rechercher ou vérifier, par un effort de réflexion personnelle, les principes du commandement.

J'envisage tout d'abord l'art de commander par son côté pratique et je le définis : *l'art professionnel de l'officier.*

L'officier est : *celui qui fait profession de commander.* S'il ne sait pas commander, il n'est qu'un simulacre d'officier, un *porte-galons.* L'inaptitude au commandement est pour lui le vice rédhibitoire absolu, celui qui est précisément exclusif de la fonction.

C'est bien le commandement qui est la fonction
caractéristique de l'officier. Hors de l'armée, il n'y
a commandement nulle part ; dans l'armée, l'officier
seul commande et le commandement est son métier.

L'officier seul *commande,* dans l'acception complète de ce terme ; seul, il exerce l'art de commander. Le sous-officier a sans doute aussi une certaine
part de commandement ; parfois même, dans certaines circonstances de guerre, ou lorsqu'il s'élève
par sa valeur personnelle au-dessus des fonctions de
son grade, il se peut qu'il parvienne à la conception
et à l'exercice de l'art de commander, mais ses attributions normales sont plus restreintes. Son rôle est,
en général, de faire exécuter des ordres, observer
des consignes, appliquer des prescriptions de détail, assurer le trantran du service journalier.

L'action de l'officier est différente. Si l'on considère les sous-officiers comme les contremaîtres de
l'usine, les officiers en sont les ingénieurs. Les uns
font observer strictement les consignes des divers
ateliers ; les autres sont les véritables maîtres *des
forces* qui agissent autour d'eux ; seuls, ils savent en
diriger l'emploi, seuls, ils en connaissent l'origine,
la nature et les effets.

L'officier est tenu par son titre même d'exercer
le commandement, non comme une routine, mais
comme une science spéciale qu'il doit connaître à
fond, quel que soit le grade plus ou moins élevé

qu'il occupe. En fait de commandement, il doit être, comme on dit, *dans le secret des dieux,* c'est-à-dire être en possession des principes primordiaux, retrouver la lumière de ces principes sous les formules des prescriptions réglementaires et pouvoir recourir directement à eux pour arrêter sa conduite. — Il est maître ès arts de commandement; *c'est là le sens du galon qu'il porte.*

L'autorité du sous-officier s'appuie, sans doute, tout comme celle de l'officier, sur le principe de la subordination disciplinaire absolue; elle est, si l'on veut, aussi sacrée; le Code militaire réprime indistinctement le refus d'obéissance, l'outrage, la menace, les voies de fait du soldat à l'égard du *supérieur,* sans tenir compte du degré plus ou moins élevé occupé par ce dernier dans la hiérarchie. L'autorité des *supérieurs* de tout grade a la même origine et la même base; elle est identique dans sa nature, aussi impérieuse au bas de l'échelle qu'au sommet, mais cette force commune, l'officier et le sous-officier l'envisagent et l'emploient de manière différente.

Cette différence résulte d'ailleurs de la nature même des choses et, dans toutes les armées, on la retrouve aussi caractérisée. Partout, en somme, on entend par la qualification d'officier que celui qui l'a reçue n'exerce plus seulement sa fonction comme un métier journalier, mais comme **un art dont il possède les principes.**

Partout aussi, on attache à la qualité d'officier l'idée d'une forte éducation première. Les gens qui en sont dépourvus sont presque inévitablement condamnés à subir quantité d'influences : l'influence des traditions, des usages bons ou mauvais, de la routine et surtout celle du milieu dans lequel ils vivent. Leur personnalité morale n'est, pour ainsi dire, pas formée; ils n'ont pas acquis la faculté de régler leurs actes d'après des principes raisonnés. Tout ce qu'on peut leur demander, c'est d'avoir de bons instincts, du courage, de l'énergie dans l'action et d'accepter docilement les impulsions qu'on leur imprime.

Pour commander, il faut davantage : il faut avoir une assez grande habitude de la vie intellectuelle pour passer avec assurance de la pensée à l'action. Il faut être rompu à prendre résolument pour guides les principes supérieurs, les seuls qui restent debout en temps de guerre, alors que rien ne subsiste plus des errements du temps de paix, alors que les praticiens de la caserne et du champ de manœuvre restent désorientés, impuissants et inertes.

Il est, du reste, des circonstances de guerre où l'autorité du chef est visiblement faite de la confiance qu'inspire sa valeur intellectuelle et morale. On le sent en possession d'un principe supérieur de décision; on pense qu'il sait encore ce qu'il faut faire alors que les règles habituelles manquent; on lui obéit même sans le comprendre, comme, dans une

usine en feu, l'ouvrier obéira aveuglément à l'ingé-
nieur, s'il l'entend crier : « Écrasez ce tuyau, rompez
cette communication, abattez ce support !... »

Dans ces circonstances graves, le chef se trouve
en état de *commander, au milieu de l'égarement général,* pour deux raisons : d'abord, parce qu'il est en
possession du principe théorique à appliquer ; ensuite, parce que son éducation forte lui a donné une
faculté infiniment rare : le pouvoir de passer immédiatement, avec confiance et résolution, de la conception théorique à l'action.

Nos sous-officiers n'ont eu, en général, avant leur
entrée dans l'armée, ni le temps ni les moyens d'acquérir les premiers éléments de cette forte constitution morale ; ils restent capables des plus beaux
dévouements, ils sont dignes de notre estime ; mais
ils ont besoin de règles formelles et de la direction
constante de l'officier, pour déterminer leurs actes.

Il n'y a donc bien que l'officier qui puisse être
défini avec une exactitude complète : *celui qui sait
commander.*

Où et comment l'officier apprend-il cet art de commander qui est son art propre, *professionnel ?* —
Le plus clair de son bagage en pareille matière nous
semble consister dans les *principes de la subordination,* qui forment le préambule du règlement sur
le service intérieur. Ces règles sont parfaites et admirablement formulées. Mais ceci, c'est la subordi-

nation et non le commandement. — Il est clair, *a priori,* que ces deux termes désignent des choses différentes quoique connexes ; seulement, comme les principes de la subordination sont là au premier plan, bien en lumière ; comme, d'ailleurs, on ne trouve nulle part l'énoncé des principes du commandement, on est naturellement porté à se servir constamment des premiers, si clairs, si commodes, si bien énoncés, et à les appliquer toujours et partout, là surtout où il faudrait user de ces principes de commandement qui manquent. L'erreur est grave : ainsi travesti, le commandement se transforme en un exercice journalier de subordination hiérarchique ; on en vient tout doucement à se faire un devoir de *subordonner* le plus possible ses inférieurs et de se *subordonner* soi-même à tout propos à ses chefs. Le service consiste alors à se refuser à soi-même toute initiative, tout en empêchant soigneusement ses inférieurs d'en avoir, l'initiative étant une chose au moins étrangère à la subordination.

C'est ainsi qu'avec les meilleures intentions, un officier peut en venir, faute d'étude et de réflexion, à exercer son commandement d'une manière détestable.

Les principes du commandement n'étant formulés nulle part, il appartient à tout officier de les établir pour son compte personnel et par ses propres réflexions.

Au reste, si ces principes étaient formulés, il nous serait encore indispensable de les étudier de façon à les établir, pour ainsi dire, à nouveau, par un effort intellectuel personnel. Ils sont destinés, en effet, à prendre la forme de règles pratiques, à déterminer nos modes et nos directions d'action. Il ne suffit pas que ces règles soient appuyées par une autorité extérieure ; il faut que nous les ayons faites nôtres, qu'elles soient dans notre esprit à l'état de convictions définitives, comme autant de ressorts moraux prêts à se détendre au premier besoin, sans exiger d'effort et sans causer d'ébranlement.

Lorsque des principes de commandement ne nous sont présentés que comme des règles imposées ou comme des routines, nous les appliquons machinalement sans trop y songer, tant qu'ils nous semblent commodes et que l'action est sans grande portée. On les observe comme on observe quantité de prescriptions ou d'usages de valeur secondaire qui nous obligent, par exemple, à avoir un uniforme d'une coupe et d'une couleur déterminées, ou à rendre un appel à une certaine heure.

Mais, lorsqu'il s'agit d'un acte grave, s'il faut, par exemple, engager la vie des hommes qui nous sont confiés, ou risquer une défaite..., le principe d'action qui doit nous déterminer n'a plus à nos yeux une certitude suffisante, si nous ne l'avons pas personnellement établi ou personnellement vérifié. Dans les circonstances critiques, nous ne sommes en mesure d'agir immédiatement et à fond qu'à la condition de trouver dans notre tête, — ou dans notre cœur, — un principe dont notre être moral soit, pour ainsi dire, personnellement sûr.

Cette conviction résultant de la réflexion personnelle est également nécessaire dans les circonstances ordinaires du service, pour donner à l'action de commandement la persistance qui la rend efficace. Un homme intelligent ne se voue à une tâche que s'il la comprend.

Il est donc indispensable que le commandement soit de la part de l'officier l'objet d'une étude personnelle. Cette étude, nous allons la faire pour notre compte ; mais il appartiendra à chacun de nos lecteurs, s'il veut s'en approprier les résultats, de la contrôler au fur et à mesure, par ses propres méditations.

II

ÉLÉMENTS DU COMMANDEMENT

Premières données analytiques.

Commander, c'est gouverner. — Les premiers éléments moraux du
chef sont : l'intelligence, le caractère et surtout le dévoûment.

Je me suis borné tout d'abord à constater que le
commandement est le propre de l'officier. Obser-
vons-le maintenant dans ses manifestations et cher-
chons à en démêler la nature et les éléments.

L'art de commander?... C'est assurément l'art de
se faire obéir, mais c'est aussi autre chose. Lorsqu'un colonel dit : « Telle compagnie est bien commandée, telle autre est mal commandée », entend-il
par là simplement qu'on obéit dans l'une et qu'on
n'obéit pas dans l'autre? — Assurément non. On
obéit partout. Seulement, d'un côté, vous voyez un
capitaine qui, grâce à je ne sais quel secret, parvient, sans effort apparent, à avoir une compagnie
bien disciplinée et bien instruite. Sans punitions,
sans bruit, sans éclat d'aucune sorte, il obtient tous
les résultats voulus ; autour de lui, tout fonctionne
avec calme et régularité, et, vienne la guerre, cela
continuera de même, avec un caractère de force sou-

veraine. C'est comme le jeu souple et certain des muscles d'un homme vigoureux.

Dans l'autre compagnie, la machine fonctionne aussi, sans doute ; — il serait surprenant qu'il en fût autrement, en pleine paix, entre les quatre murs d'une caserne, avec les moyens d'action énormes dont on dispose ; — mais, si la machine marche, elle grince singulièrement, et le rendement laisse fort à désirer. L'officier se dévoue là aussi à sa tâche, il se fatigue en efforts, fait constamment appel à la subordination hiérarchique, épuise les moyens d'action extrêmes, gronde, crie et punit ; il harasse son monde, n'obtient que de maigres résultats et ne parvient jamais à avoir entre les mains la troupe sûre, calme et forte que son voisin sait créer et entretenir sans peine apparente. — L'un sait commander, l'autre ne sait pas. L'un est comme un ouvrier habile dans son art, l'autre comme un mauvais apprenti qui, en dépit de ses efforts, gâche sa besogne et fait à tout propos et hors de propos œuvre de force ; sa gaucherie lui fait trouver des résistances partout ; il frappe à coups redoublés pour en triompher, accumulant sur l'œuvre les traces irréparables de sa maladresse, et jette là ses outils, en les déclarant détestables.

Ce dernier trait est caractéristique. Le chef qui se console de son impuissance en accusant le mauvais vouloir ou l'incapacité de ses subalternes n'est, dans **le métier militaire, qu'un mauvais apprenti.**

L'officier digne de ce nom exerce son commandement d'après des principes fermes. Il sait exactement ce qu'il faut faire et il y applique sa volonté d'une manière constante. C'est grâce à la sûreté, à la continuité de son action, toujours appliquée dans le sens voulu, qu'il arrive aux plus merveilleux résultats. Le porte-galons commande pour ainsi dire à tour de bras, au jour le jour, d'après ses inspirations ou ses lubies du moment, se mêlant de tout, gênant l'action de ses subalternes, donnant, d'un jour à l'autre, des ordres contraires, oubliant ceux qu'il a donnés et les laissant tomber en désuétude, ne comprenant rien au mécanisme qu'il doit conduire, sinon qu'il en est le maître et qu'il peut le faire marcher, l'arrêter, le renverser ou le détraquer à sa fantaisie, comme un enfant qui s'amuse à briser ses jouets.

Un porte-galons peut, sans même s'en apercevoir, tout désorganiser dans l'unité qu'on lui a confiée : détruire la discipline, arrêter l'instruction, répandre autour de lui, avec les idées les plus fausses, un mécontentement général, faire détester le service et démoraliser sa troupe. Et, quand tous ces désordres viendront à éclater aux yeux par leurs résultats de toute sorte, par les difficultés d'un service heurté, par des actes d'indiscipline, par la nécessité de punitions répétées..., vous le verrez accuser le mauvais esprit de sa troupe, l'indiscipline ou l'ignorance de ses inférieurs, parfois même la direction imprimée au service par ses chefs, bref, tout ce qui l'environne, tout, sauf lui-même.

En quoi donc consiste cet art précieux du commandement, que certains possèdent, que certains autres sont condamnés à ne jamais acquérir ? C'est ce que nous allons tâcher d'établir.

Le terme *commandement* s'applique malheureusement à plusieurs choses différentes. — De là, une cause d'erreur.

On *commande* à sa troupe une action déterminée, une manœuvre, un mouvement, l'exécution d'un feu de salve, d'une marche en avant ou en arrière. L'officier ne fait pas que commander ces diverses actions à sa troupe ; il *commande* aussi sa troupe même, non pas seulement sur le champ de bataille ou en vue d'une action tactique, mais dans le service de paix, en donnant l'instruction, sur le terrain d'exercices et jusque dans les chambres.

L'officier commande, en somme, toujours et partout, si on s'en tient au mot, sans approfondir la chose. Mais, au fond, commander une unité en temps de paix, de façon à l'instruire, à la discipliner, à lui donner et à lui conserver toute sa valeur, c'est une affaire bien différente du commandement de la même troupe sous le feu, pendant l'assaut. Rien, pour ainsi dire, n'est semblable : ni le but poursuivi, ni les moyens employés, ni même les qualités nécessaires au chef pour agir efficacement.

En réalité, il faudrait plusieurs termes au lieu d'un seul : le chef *ordonne* certaines choses, il en *enseigne* ou *conseille* certaines autres ; il *commande* son unité au combat ; il l'*administre*, l'*instruit*, la *gouverne* en tout temps, et ce dernier terme est en somme le plus généralement applicable : le chef exerce bien sur sa troupe une action de *gouvernement*, car il a la charge de tout ce qui la concerne : droits, devoirs, service, ordre, conduite, moralité, instruction, tout se trouve gouverné par lui.

L'officier n'en reste pas moins, dans ses diverses attributions, un chef militaire ; il est toujours en mesure de faire sentir son autorité, le cas échéant ; mais il est clair qu'il doit savoir employer des moyens différents pour commander, pour instruire, pour administrer, pour *gouverner*. L'instruction ne se communique pas par une série d'ordres et la valeur morale ne s'obtient pas à force de compression.

Le commandement, lorsqu'on entend par là le *gouvernement* d'une unité, a ses principes et ses procédés propres qu'il est essentiel de connaître. Nous envisagerons ici exclusivement le commandement pris dans ce sens spécial. Nous restons absolument en dehors de l'art militaire, de la tactique, de la stratégie, de l'administration. Ce que nous voulons indiquer uniquement, c'est l'*action de gouvernement*, par laquelle le chef arrive à maintenir, à développer l'organisme de guerre placé sous son commandement et à lui communiquer la force qu'il doit avoir.

Gouverner une unité est chose singulièrement difficile. Peu d'officiers y réussissent d'une manière tout à fait satisfaisante. Il suffit de regarder autour de soi pour voir combien le service est heurté, pénible, difficilement assuré. On dirait que le fonctionnement de l'armée a quelque chose d'anormal, d'extraordinaire, et ne s'obtient qu'au prix d'efforts et de souffrances, même en pleine paix.

Et cependant, certains parviennent à commander aisément, sûrement. Sous leur direction, le service s'exécute comme de lui-même, et leur troupe, absolument dévouée, est prête entre leurs mains à tous les efforts.

Que faut-il faire pour remplir sa fonction d'officier avec une semblable perfection, et, en premier lieu, quels sont les ressorts qu'il faut avoir en soi-même pour parvenir à cette capacité extraordinaire ?

Évidemment, le chef doit avoir tout d'abord la vision très claire du but à atteindre, la conception exacte de l'objet de sa fonction.

Il lui faut ensuite la force morale nécessaire pour marcher au but, en surmontant les obstacles.

Il lui faut enfin en lui-même une raison de marcher au but, quelque chose qui l'excite à consacrer ses forces à l'œuvre.

Voir, pouvoir, vouloir : voilà les trois éléments de

l'action. — *Intelligence, caractère, dévouement :* voilà les trois qualités primordiales du chef, et, de ces trois qualités, c'est la dernière qu'il lui faut posséder au plus haut degré. L'intelligence, c'est la voie qu'il faut suivre, mise en pleine lumière; le caractère, c'est au moral l'équivalent des muscles vigoureux qui nous mèneront à l'étape; le dévouement, c'est la force passionnelle qui va nous inciter sans relâche à aller au but et à tout prix. C'est le dévouement qui est le *ressort* de notre fonction.

———

III

ÉLÉMENTS DU COMMANDEMENT

Vérification des données précédentes par l'observation.

Exemples et analyse de procédés de commandement, bons et mauvais. — Leur valeur dépend bien toujours du degré d'intelligence, de caractère et d'abnégation du chef.

Regardons maintenant autour de nous. Étudions les officiers qui commandent bien, c'est-à-dire ceux qui obtiennent tous les résultats voulus ; étudions aussi et surtout ceux qui commandent mal : c'est en remontant à l'origine des fautes qu'on se trouve le plus sûrement ramené en présence des principes.

L'abnégation de soi-même résultant du dévouement à la chose publique nous est apparue comme l'élément principal de la faculté de commander. — Nous allons reconnaître aisément que tout ce qu'un officier apporte de préoccupations personnelles dans le gouvernement de son unité constitue un obstacle et produit une déviation. L'amour-propre, la vanité, l'ambition, par exemple, sont choses qui faussent le commandement.

Imaginez (pour rendre ces défauts frappants en les poussant à l'extrême) un chef assez infatué de lui-même pour désirer qu'autour de lui tout prenne sa personne pour pivot, un homme qui s'installe dans son emploi comme dans un milieu organisé pour satisfaire ses désirs, ses fantaisies, ses vanités, pour le mettre en relief et l'orner de l'éclat de l'autorité...

Un pareil homme tient le plus souvent à ne voir autour de lui que des visages admirateurs et craintifs. Il arrive avec une démarche imposante, jette partout des regards arrogants, interpelle rudement tout ce qui l'approche et, à tout coup, affirme son autorité par les moyens les plus coercitifs : réprimandes dures et publiques, décisions tranchantes, à tout propos, punitions multiples. Dès qu'il paraît, il faut que tout coure, voltige, s'empresse ou s'aplatisse.

Ces sortes de gens brisent tout autour d'eux, pour montrer leur force, et s'en vont satisfaits. Confiez-leur une troupe docile et dévouée, alerte, vigoureuse, pleine d'initiative et d'entrain, ils vous rendront, quelques semaines après, des hommes et des cadres découragés, mécontents, aigris et défiants, qui seront là inertes devant vous, résignés et sceptiques. Le *porte-galons* aura su, en un tour de main, faire de sa troupe un troupeau.

Voilà les résultats pratiques de l'action malfaisante du fat qui tend à voir dans son grade une sorte de pavois où sa personnalité s'impose à la crainte et à l'admiration des hommes.

Cette première faute de commandement a bien son explication dans l'abus de la fonction employée à la satisfaction de passions ou de convenances personnelles.

L'ambitieux sera porté à se faire de son service un moyen de mettre en lumière ses capacités réelles ou de se donner le semblant de celles qui lui manquent. Il affectera la physionomie sévère, la parole brève, l'attitude impérieuse qu'on est habitué à attribuer aux grands capitaines. L'instruction journalière, les exercices, les manœuvres, seront menés de façon à appeler l'attention, à exciter l'étonnement, s'il est possible ; on imposera, au besoin, pour obtenir ce résultat d'intérêt personnel, des tours de force à la troupe surmenée. Ici encore, le commandement déviera, par le manque d'abnégation du chef.

Considérez, si vous voulez, un caractère plus ordinaire, d'une humanité plus commune, un officier qui a assez de conscience pour désirer sincèrement le bien du service, mais pas assez de force d'âme pour s'imposer des labeurs ou des épreuves par trop durs. Le mal sera à peine moindre : l'action de commandement sera hésitante et faible ; ici, on se détournera pour éviter des ennuis, des démarches compliquées ; là, on s'arrêtera, subitement pour *n'a-*

voir pas d'affaires, comme on dit ; tout restera ébauché, inachevé, incertain, disposé parfois pour des ambiguïtés voulues, pour la fuite des responsabilités surtout. Le métier fier et hardi par excellence ne sera plus qu'un vulgaire emploi et le service se tournera en une sorte de popote.

Pour bien gouverner votre unité, vous devez avant tout faire abstraction de vous-même, de vos intérêts, de vos passions, toutes choses propres à faire dévier votre action de son but véritable. Votre autorité, vos insignes, ne vous sont pas donnés pour votre satisfaction propre ; les honneurs et les marques de respect ne s'adressent pas à la personne de M. Jeannot ou de M. Grandpierre, mais au grade qu'ils ont en charge, et, si l'un ou l'autre de ces militaires se sent quelque velléité de vanité pour les égards obligatoires dont on l'entoure, qu'il y mette le holà bien vite et qu'il demande conseil au bon La Fontaine. — Les galons sont comme les reliques : quand on les porte, il faut se garder de certaines illusions vaniteuses.

Au reste, si vous prétendez donner à vos inférieurs le change sur votre valeur personnelle, par une série d'artifices, par une parade d'attitudes, d'airs de tête, de gestes et de paroles, vous vous fourvoyez tout à fait. Avec quelque intelligence, un grand désir de plaire et peu de scrupules, on parvient à faire illusion à un chef ; à un inférieur, jamais. Rien n'échappe aux subalternes, par la raison que tout défaut, toute erreur du chef retombe sur eux, en effets sensibles. Vous comblez vos hommes de paroles affectueuses..., mais la soupe est mauvaise et le cuisinier sait bien que vous ne vous en occupez guère ; vous affirmez votre autorité, **votre sévérité disciplinaire...**, tout vous échappe, vos ordres restent inexécutés ; on le voit bien, sans grande finesse.

Puis, quand on cherche à endosser la peau d'un personnage, au lieu de se montrer tel qu'on est, il survient toujours, tôt ou tard, quelque accroc qui laisse voir le bout de l'oreille, et les respects apparents dont on continue à être entouré deviennent alors singulièrement ironiques dans leur gravité de commande.

Vouloir gouverner une unité par des artifices, c'est chose décevante et peu digne. L'action de commandement doit être sincère, loyale et grave, si on veut qu'elle soit éducatrice, morale et forte. A quoi bon d'ailleurs prendre tant de peine à s'astreindre à des œuvres fausses, vaines et malsaines, quand l'œuvre véritable est si simple et si honorable ?

Si vous voulez exercer dignement votre commandement, laissez de côté votre personne. Songez aux devoirs graves, aux lourdes charges, aux résultats nécessaires. Quand vous serez pénétré de l'esprit d'abnégation et de devoir, vous aurez un guide sûr et une force invincible. — Impossible de vous égarer. La voie est large et claire : vous avez charge de préparer votre unité pour le service de guerre. Quand on a toujours avec soi ce guide invisible, il n'y a plus ni erreur ni défaillance. Qui s'aviserait d'aller transformer son commandement en une ridicule parade personnelle, avec un tel principe bien ancré dans l'esprit ? Ambition d'avancement, désir de plaire, complaisances, timidités..., tout cela est à côté et en dehors de votre voie ; vous n'avez rien à craindre et rien à solliciter.

Que les récompenses officielles viennent ensuite pour vous, rien de mieux, mais elles ne sauraient être, pour une âme haute, des mobiles d'action. Se mouvoir librement, dans la plénitude de son devoir, sans avoir à baisser les yeux ni à s'incliner devant personne (car le salut militaire laisse à l'homme toute la hauteur de sa taille), créer et entretenir avec passion les forces qu'on doit manier quelque jour pour le service du pays, exercer sur sa troupe la plus solide, la plus juste, la plus légitime, la plus sagement réglée de toutes les puissances qui existent : telle doit être l'œuvre de l'officier. Elle a en elle-même et par elle-même des satisfactions incomparables, les satisfactions hautes de tous les conducteurs d'hommes, encore relevées et ennoblies par le caractère de dignité morale que leur imprime l'abnégation personnelle du chef.

Comprendre ainsi son métier, c'est conquérir et posséder définitivement le feu sacré.

Par contre, sans cette conviction passionnée, rien de possible ; la source de force se trouve tarie. L'infatuation, qui fait prendre les devoirs du grade pour des moyens d'avantage ou d'honneur personnels, est encore moins malfaisante que le *jemenfichisme* absolu. (Qu'on nous pardonne ce terme, hasardeux mais irremplaçable !)

Le *jemenfichisme* est, non pas la déviation vicieuse, mais bien l'anéantissement pur et simple du commandement ; c'est l'état d'âme de l'individu qui prend tous les avantages d'une fonction, toutes les rémunérations d'un emploi, mais qui est bien *trop intelligent* pour en accepter les devoirs et les charges. Il sait se dérober, conserver toutes ses aises, et reste convaincu que si d'autres s'attellent vaillamment à de lourdes tâches, c'est naïveté pure ou maladresse.

Tout ce qui pèse, tout ce qui gêne, il s'en débarrasse avec dextérité, avec esprit parfois ; vis-à-vis de tout ce qui n'est pas lui-même, il jouit d'une aimable aisance, d'une parfaite indépendance de cœur. Celui-là, les parades vaniteuses ne le tentent pas ; il s'esquive, cherche *l'ombre et le frais*. Sa valeur utile est celle d'un chronomètre sans ressort ou d'une cartouche vide de poudre.

Le *jemenfichisme* est la plus terrible plaie qui

puisse affliger une armée. Le plus souvent, il se présente comme une tare morale infligée de bonne heure à l'individu par une éducation basse, une vie molle et vouée aux plaisirs faciles, qui abolissent en lui le sens de l'idéal et ne lui laissent aucun mobile de dévoûment. Il est alors, moralement, un impuissant, et le *jemenfichisme* résulte du sentiment qu'il a de son impuissance. Il est atteint d'une lâcheté morale irrémédiable, contre laquelle il ne réagit même plus et qu'il se borne à masquer sous les dehors d'un intelligent scepticisme.

Quant au *dégoût du métier,* qui apparaît parfois dans certaines âmes nobles, il est déterminé par des circonstances extérieures, par des défauts d'organisation ou de commandement, qui montrent à l'officier l'œuvre mauvaise ou l'effort inutile.

Si l'officier ne trouve pas à exercer le commandement qui lui revient, si son initiative est comprimée, si l'action lui est interdite, il reste découragé en face de son œuvre, s'abandonnant comme un marin sur un bateau désemparé, sans voile et sans avirons.

Si un chef égoïste, vaniteux ou simplement maladroit, enlève au service son vrai caractère; s'il entend qu'on prenne pour pivot ses passions ou ses fantaisies, son désir de briller, de parader, d'affirmer son élévation ou ses pouvoirs, le subalterne se dégoûte d'une œuvre fausse ; il s'irrite des atteintes

répétées que lui inflige une autorité encombrante et
futile ; il abandonne tout ; il renonce à la tâche, devient sceptique et frondeur. Le commandement faux
a faussé l'obéissance.

Ces faiblesses s'expliquent donc, s'excusent même
parfois, mais l'erreur du chef ne justifie pas en définitive la faute du subalterne. N'oublions pas non
plus qu'elles peuvent résulter d'un manque de courage ou de conscience professionnelle. Si nous sen-
tons en nous-même quelques velléités de scepticisme, sachons y réfléchir et y mettre ordre.
Défions-nous aussi de ces prétendus décourage-
ments qu'on est porté à affecter pour s'excuser de
renoncer à la tâche. — S'il n'arrive guère que le
ressort moral soit tout à fait absent d'une âme, il
se trouve parfois qu'il a besoin d'être vigoureusement remonté.

Il serait facile de poursuivre ce tableau sommaire
des déviations imprimées au commandement par
nos passions et nos faiblesses. Toujours, on arrive-
rait à cette conclusion que l'abnégation personnelle
dans le service est le caractère essentiel du chef.

Telle est l'idée capitale qui se fait jour, au premier
coup d'œil qu'on donne sur l'exercice pratique du
commandement.

Les fautes de commandement dérivent plus rarement d'un défaut d'intelligence. L'intelligence ne

manque d'abord jamais au même degré que l'abnégation ; puis, ce qu'on a d'intelligence, on a soin de
le montrer, tandis que l'abnégation s'ignore ou se
cache.

Cette préoccupation d'étaler de l'intelligence se
tourne assez souvent en un vice de commandement.

L'officier qui affecte l'intelligence est porté à la
faire ressortir à tout prix, aux dépens même du service. Il a la critique prompte et injuste ; il n'écoute
rien, il n'apprend rien, se sentant assez de lumières
pour n'en pas désirer davantage.

La nécessité de l'intelligence véritable, sérieuse
et active, n'en est que plus certaine ; il serait oiseux
de s'attarder à le démontrer. Mais, pour que notre
intelligence s'applique fortement au métier, il faut
que nous y soyons dévoués... Voici encore l'abnégation personnelle, ou, ce qui revient au même, l'esprit de dévouement, qui nous apparaît comme si
nous devions toujours le retrouver à l'origine de
notre valeur militaire, quelle que soit la direction
de nos investigations.

Le chef qui manque réellement d'intelligence est
naturellement sujet à quantité d'erreurs qu'il serait
fastidieux d'énumérer. Son illusion capitale et, pour
ainsi dire, perpétuelle, consiste à n'apercevoir dans
l'exercice de sa profession que les choses immédiatement visibles et présentes, les formes extérieures
ou le fonctionnement machinal. Il n'a pas l'intuition
de l'œuvre, de son but, de ses moyens, des forces

qui font tout mouvoir. Il ne sait que faire prendre à
sa troupe, sur le terrain, des formations apprises, exécuter les ordres donnés au rapport. Il se meut péniblement dans un milieu dont la nature lui échappe ;
il applique à tort et à travers les prescriptions de ses
chefs, les dispositifs réglementaires. L'unité qu'il
commande n'existe à ses yeux que pour cela. Un
maniement d'armes parfait exécuté en présence du
général inspecteur, des chambres tenues suivant
toutes les dispositions réglementaires....., voilà le
couronnement idéal de son œuvre.

C'est le même défaut d'intelligence qui nous
amène à attacher au papier, aux écritures, la valeur
des réalités. Le chef atteint de cette infirmité morale se fait fournir des rapports, des comptes rendus,
des notes, des états, des relevés, etc. ; il ne voit plus
rien des choses militaires qu'à travers cet appareil
douteux ; parfois même l'écriture finit par être à ses
yeux autre chose qu'un moyen d'expression ; elle a
sa valeur en soi ; et le service consiste à recevoir et
à fournir des papiers irréprochables dans leur forme
et leur structure. La paperasserie s'élève alors à la
hauteur d'un art ; elle mérite d'être étudiée et pratiquée pour elle-même ; elle a ses principes fermes,
ses règles exigeantes ; elle s'impose, avec une telle
insistance qu'on en vient à subordonner l'action au
papier qu'elle traîne à sa suite.

En somme, le chef inintelligent a, pour ainsi
dire, au moral, la vue trop courte. A la place des

principes, trop éloignés, il n'aperçoit que les règles routinières qui en dérivent ; s'il regarde vers le but, il ne voit rien au delà des résultats immédiats, intermédiaires, qui ne sont en définitive que des moyens. Il les recherche alors pour eux-mêmes et s'acharne à les développer, à les perfectionner, comme s'ils avaient une valeur intrinsèque.

Pour ces esprits bornés, le maniement de l'arme n'est plus un moyen de se servir de l'arme, mais une sorte de parade rythmique ; les séances de tir ont pour but de produire de bons *pour-cent,* la manœuvre sert à reproduire sur le terrain les dispositifs réglementaires, et le couronnement du service est la revue d'inspection générale.

Ces gens-là en viennent à perdre de vue, dans la pratique, que la guerre est la fonction et la raison d'être de l'armée. Ils le savent bien, sans doute, mais cette idée n'est pour eux qu'une conception théorique : la guerre..., on s'en occupera quand on la fera, mais pour le moment il ne s'agit que des besognes de paix, qui sont, dans leur esprit, sans connexion avec le service de guerre.

Lorsque, dans une armée, le service est réglé de façon à développer cette étroitesse d'esprit, la préparation à la guerre se trouve suspendue ; les troupes, perdant la notion de leur fonction, deviennent des troupes de caserne, de garnison, de place d'armes ; elles sont bonnes désormais pour la parade et l'astiquage ; la fonction de l'officier n'est plus qu'un

pauvre métier fait de routine et d'asservissement ;
du haut en bas de l'échelle hiérarchique, chacun a
désappris son commandement, et, quand la guerre
éclate, l'organisme militaire, définitivement faussé,
se trouve n'être plus qu'un énorme ustensile de parade. On parade partout, jusque dans les plus hautes sphères, et on se fait battre en paradant.

La vie militaire en temps de paix doit être intelligente et morale, si l'on veut que l'armée sache réagir contre les routines et se maintenir apte à la lutte.

Le *caractère* est plus rare que l'intelligence. Tel
officier a l'intelligence ouverte, il aime son métier,
et cependant on le sent moralement faible ; il voit
bien ce qu'il faudrait faire, il désire s'acquitter ho-
norablement de son service, mais il est, pour ainsi
dire, sans action sur lui-même. Il est impuissant à
s'imposer des règles, à adopter des principes défi-
nitifs de conduite et à s'obliger à les suivre, c'est-à-
dire *à se gouverner lui-même.* Le commandement
fléchit entre ses mains ; il cède ici à une impulsion
de bonté ; là, à un mouvement d'irritation ; sa troupe
n'a pas l'impression d'une puissance sûre, continue,
irrésistible : elle ne pressent pas en ce chef incertain le représentant d'un devoir strict, d'une loi
morale ; il pourra se faire qu'elle ne l'écoute pas
toujours et qu'elle ne le suive pas partout.

Le caractère est un élément essentiel de l'aptitude
au commandement. — Il n'a toutefois qu'une valeur

douteuse, quand le dévouement au bien public manque. Il constitue une *force d'action,* bienfaisante ou malfaisante, suivant la direction dans laquelle elle s'exerce. Un homme ambitieux, aussi indifférent au devoir qu'attaché à l'intérêt, est dans l'armée un terrible agent de destruction, lorsqu'il a la puissance que donne le caractère. Armé des pouvoirs de son grade, il fausse tout dans son unité, pour approprier tout au service de ses intérêts. La vigueur et la persistance de sa volonté le mettent à même de poursuivre énergiquement ses desseins, en brisant ou en faisant dévier les forces saines de l'organisme.

La troupe commandée par un tel chef aura souvent belle apparence, car il faut qu'elle lui fasse honneur ; mais elle n'aura pas l'esprit de devoir, qu'il est moralement incapable de lui inculquer.

Les observations précédentes confirment les premières données de cette étude. Les fautes de commandement dérivent presque toutes d'un manque d'intelligence, de caractère ou de dévoûment.

L'intelligence est l'élément qui manque le moins, elle peut être faussée ou engagée dans une mauvaise direction, mais elle existe chez tous, à un degré suffisant pour leur permettre de comprendre les principes du commandement.

Le caractère est plus rare.

Le dévoûment fait souvent défaut. Il est indispensable pour mettre les deux premiers éléments, l'intelligence et le caractère, au service du devoir professionnel, c'est-à-dire pour donner à ces qualités *une utilité militaire*. L'intelligence et le caractère sont en effet des forces aussi aptes à s'appliquer au mal qu'au bien, suivant qu'elles reçoivent leur orientation de l'égoïsme ou de l'esprit de dévouement.

IV

ORIGINE ET CARACTÈRE DE L'AUTORITÉ
DU COMMANDEMENT

L'officier a charge d'un devoir national. — De là son autorité. —
Elle s'exerce sur des êtres humains ; elle est donc humaine, morale et loyale. — L'égalité devant le devoir à tous les degrés de
la hiérarchie.

Les trois qualités primordiales du chef : l'intelligence, le caractère et le dévouement, sont, en
somme, toujours et partout, les éléments essentiels
de la valeur sociale d'un homme ; mais, dans la plupart des professions, même libérales, l'intelligence
suffit et le caractère n'est pas indispensable ; quant
à l'abnégation, elle peut manquer, sans que la valeur
professionnelle de l'individu s'en trouve diminuée,
sans que sa fonction en souffre.

C'est la valeur prépondérante de l'abnégation personnelle qui semble être la caractéristique de notre
métier et c'est ce développement inusité d'une faculté moins connue dans les autres professions qui
fait qu'on entend parfois taxer la nôtre d'inintelli-
gence, par des gens qui se disent et qu'on trouve très
intelligents.

Toutes les variétés de gens qui aspirent à la fortune ou à la renommée et ne comprennent l'effort que dans la voie de l'intérêt personnel considèrent le dévouement comme étant l'apanage des simples d'esprit, des humbles et des pauvres diables. S'engager dans une fonction de dévouement est déjà une sottise à leurs yeux ; mais s'y donner ensuite entièrement, avec une conviction absolue, c'est faire preuve d'une naïveté irrémédiable (2).

La fonction de l'officier a ceci en effet de tout particulier qu'elle est en réalité l'*exercice d'un devoir* L'armée n'est guère autre chose que le devoir national organisé pour la lutte. Les obligations étroites qu'elle impose à ses membres ne sont pas comprises dans les autres professions ; elles se traduisent aux yeux par des actes de soumission répétés, par l'obéissance, qui est partout le lot des inférieurs, par l'effacement des passions personnelles... Et nous ne serions en effet qu'une pauvre foule servile, une troupe de gladiateurs, si nous ignorions nous aussi qui est notre véritable maître, pourquoi et comment nous lui obéissons. — Cela, nous le savons : nous sommes les servants *volontaires et intelligents* du devoir national. L'état d'âme spécial que développe cette fonction sera toujours difficilement compris hors de nos rangs : il se compose de sentiments qui sont en lacune dans la plupart des âmes.

Le commandement est la mise en œuvre du devoir national par l'officier, le devoir professionnel de l'officier. Ce devoir est complexe. Il consiste pour l'officier : 1° à pratiquer personnellement et pour son compte le devoir national militaire ; 2° à assurer la pratique de ce devoir dans les conditions les plus efficaces, par la troupe qui lui est confiée ; 3° à traiter humainement les êtres humains qu'on lui donne.

L'officier est le seul fonctionnaire auquel l'État semble confier une délégation générale de l'autorité souveraine, en mettant entre ses mains les citoyens, en les astreignant à lui donner une obéissance entière, pour les enrégimenter au service du plus exigeant des devoirs civiques. Les pouvoirs de la magistrature sont loin d'être comparables aux nôtres ; ils ne s'exercent qu'occasionnellement, tandis que l'on donne à l'armée tous les citoyens du pays, à tour de rôle, pour qu'ils subissent d'elle avec docilité une action prolongée et continue.

L'autorité extraordinaire de l'officier s'appliquant à une action exercée sur des êtres humains, le commandement doit être humain (3) et *moral*. Personne ne peut supposer que l'État délègue à qui que ce soit la mission de fausser des intelligences, ou de les avilir, ou de les tromper... Du moment que ce sont des êtres humains et non des appareils mécaniques ou des animaux qu'on vous remet, vous voilà tenu d'employer vis-à-vis de ces hommes des moyens d'action moraux, d'avoir avec eux des *relations morales*. L'homme est un instrument de grande valeur. On l'emploie aussi largement qu'il est nécessaire au bien du pays, mais on ne peut ni le sacrifier inutilement, ni l'avilir, ni le fausser. Le chef *n'a pas le droit* d'abaisser moralement son subalterne, de l'humilier; il n'a même pas le droit de le tromper. Un mensonge, une fourberie, une fraude, une brutalité, sont des actes qui conservent partout, *d'homme à homme,* le même caractère et méritent le même mépris, quelle que soit la situation relative des individus en présence.

Il est clair que ces fautes sont singulièrement graves dans notre profession : elles sont commises à l'égard d'hommes, de concitoyens, mis en notre pouvoir par la loi, privés vis-à-vis de nous de leurs moyens de défense habituels et d'ailleurs moralement tenus de nous donner leur dévouement et leur confiance, puisque nous avons la charge légale de leur enseigner un devoir national. L'arrogance, la brutalité, la déloyauté prennent dans ces conditions un caractère particulièrement répugnant. Les actes de violence s'exercent sur des hommes pour ainsi dire désarmés; quant aux déloyautés, aux mensonges, aux prestiges, ils m'apparaissent comme des actes de forfaiture à notre fonction d'éducateurs. Ils reviennent, en effet, à fausser ce que nous avons mission de former, à tromper ceux que nous avons charge d'éclairer et qui nous doivent confiance.

C'est, d'une manière générale, une erreur profonde de croire que le commandement s'exerce au moyen d'une série d'artifices propres à donner *du prestige* au chef, en faisant illusion aux inférieurs.

Sans doute, certains grands hommes de guerre ont exercé sur leurs troupes une influence quasi personnelle ; mais cette influence résultait avant tout de la confiance naturellement inspirée par leur mérite et leurs succès. Si certains de ces hommes extraordinaires n'ont pas échappé entièrement au désir d'en imposer par quelques artifices d'attitude et de langage, ils n'y ont généralement rien gagné. Puis, il ne faut pas oublier qu'il est téméraire de prendre pour modèles les grands hommes, à qui n'est pas tout à fait sûr d'avoir l'étoffe d'un d'entre eux.

Le commandement est chose simple, loyale et d'autant plus forte qu'elle est plus sincère. A quoi bon vous abaisser à produire des illusions ? L'homme qu'on voit partout agissant au nom du devoir de tous a par cela même l'autorité la plus incontestable, la plus sûrement acceptée. Agissez ainsi d'abord ; montrez-vous ensuite tel que vous êtes ; c'est le plus simple et le plus sûr, et le plus digne.

Vous n'avez jamais à tromper votre troupe. S'il arrive que dans telle ou telle circonstance de guerre un chef juge nécessaire de ne pas apprendre à ses hommes tout ce que la situation peut avoir de critique, souvent d'abord il s'expose à voir le danger se révéler subitement à tous de la manière la plus alarmante, et rien ne dit que cette feinte ait été bien inspirée. Mais, dans tous les cas, ces sortes de dissimulations sont avant tout des ménagements momentanés, analogues à ceux qu'on emploie pour annoncer à une famille quelque accident grave arrivé à l'un de ses membres. Ce n'est plus là une œuvre de mensonge destinée à fausser une idée ou un sentiment, c'est un expédient passager par lequel on s'efforce d'éviter à des nerfs un peu susceptibles un ébranlement imprévu.

Chercher, dans des circonstances normales, à agir par des illusions, est chose toute différente. C'est un procédé peu digne d'un chef, absolument inadmissible de la part d'un éducateur et, en définitive, déraisonnable, puisque notre autorité, respectable entre toutes, n'a qu'à se montrer sans aucun déguisement, sous son aspect naturel, pour prendre aux yeux de tous sa valeur entière.

Un des meilleurs moyens d'affirmer le caractère moralement obligatoire de l'autorité du chef est de nous montrer nous-mêmes loyalement attachés à nos devoirs envers nos inférieurs.

Il importe que l'égalité absolue de tous devant le devoir commun apparaisse avec la dernière évidence, que le devoir s'impose avec une égale rigueur aux divers grades, que nul n'aille s'imaginer qu'à mesure qu'il s'élève dans la hiérarchie, il se trouve de plus en plus dégagé des obligations morales, des devoirs spéciaux et des règles strictes du service, comme si la dignité de son rang faisait de lui un être à part, placé dans une sorte d'empyrée où le devoir commun, bon à imposer aux foules, ne saurait avoir accès. Le commandement ainsi compris ne serait plus qu'un mandarinat dont le ridicule et la vanité seraient vite percés à jour. Si jamais vous vous laissez aller à une pareille infatuation, vous serez longtemps la dupe des respects obligés dont on vous entourera, vous siégerez dans une atmosphère de vénération générale, comme un bouddha dans sa pagode ; mais, quelque jour, tôt ou tard, vous aurez cette déception cruelle de voir clairement que, dans toute cette parade, il n'y a eu de dupe que vous-même, qu'il n'y a eu d'illusion que pour vous, que vos inférieurs vous ont simplement donné des apparences, qu'ils n'ont pas admis un seul instant la réalité de cette fantasmagorie et qu'ils vous ont toujours jugé avec cette clairvoyance impitoyable qui est le don des subalternes.

Les apparences n'y font rien. C'est d'après la façon dont vous observez personnellement le devoir commun que vous êtes jugé. C'est d'après ce criterium que l'inférieur donne moralement son obéissance entière au devoir que vous incarnez, ou qu'au contraire il refuse de servir vos passions, votre vanité, votre orgueil, toutes choses dont il n'a cure.

C'est dans l'armée surtout que le *moi* est haïssable, parce que nulle part les prétentions de nos humbles personnes ne se trouvent plus nettement opposées aux larges abnégations du devoir.

A notre époque, dans notre pays, dans notre armée, il faut renoncer aux prestiges ; les regards qui se posent sur nous avec assurance ne sont plus éblouis par les dorures des uniformes ; les parades du temps de paix ne suffisent plus à satisfaire les foules. La guerre a changé de face ; elle est devenue singulièrement grave ; on ne la fait plus pour la gloire ; on ne la désire plus pour y gagner des galons ; elle est devenue l'œuvre redoutable de la nation entière, combattant pour l'honneur et la vie. Autour de celui qui commande se pose toujours et partout une même question muette, à laquelle il lui faut répondre autrement que par des paroles : Peut-on compter sur lui ? Saurait-il remplir le devoir qui lui revient dans l'œuvre commune ? — Et la seule réponse qui rassure, c'est la pratique constante, simple, grave et *sincère* de notre devoir personnel en temps de paix.

Le fond de la puissance de commandement du chef, ce qui met en lui une énergie d'action absolue, tout en éveillant le dévouement de ses inférieurs, c'est l'esprit de devoir qui l'anime. Extérieurement, cet état d'âme se manifeste par l'absence de toute affectation, par la gravité simple de l'homme livré à une œuvre qui absorbe son attention et qui exige tous ses efforts.

L'égalité devant le devoir est une des lois essen-

tielles de l'armée ; il appartient à chacun de l'observer pour son propre compte et de la faire observer
au-dessous de lui. Une obligation morale ne comporte pas de degrés. Le chef ne peut faire fléchir le
service au profit de personne et tous les hommes de
sa troupe doivent être égaux à ses yeux, en ce sens
qu'il doit ignorer dans le service, sous l'uniforme,
les différences d'éducation ou de situation sociale.
L'autorité qu'on nous donne pour commander serait
faussée, si nous l'employions comme un moyen de
distribuer des faveurs. La *justice* est l'attribut nécessaire de toute puissance morale.

Nous retrouvons encore ici la nécessité de l'*impersonnalité* dans le commandement et, puisque
nous y voici ramenés, profitons-en pour prévenir
une objection :

Le lecteur pourra être porté à sentir en lui-même
quelque répugnance à considérer le chef comme
devant faire constamment abnégation de lui-même.
— Comment ! voici une profession où il faut du courage, de l'entrain et même quelque dose de bonne
humeur, fort utile à certains moments, et à ce métier
actif par excellence vous voulez employer des gens
quasi abstraits, ayant renoncé à avoir un caractère
personnel, dépouillés pour ainsi dire de leur moi ?
Ne voyez-vous pas qu'il faut au contraire une activité surabondante et la personnalité la mieux accen-
tuée ?

La réponse est simple : déployez toutes vos forces,

toute votre énergie, tout votre caractère ; vous n'en aurez jamais trop pour commander, mais commandez loyalement, entièrement, pour l'armée, pour la nation, et non dans le sens et pour la satisfaction de vos sentiments personnels. On vous a confié un engin de guerre, avec la mission de le conserver et de le tenir en état ; vous n'avez pas le droit de vous l'approprier, pour le convertir en un meuble à votre usage (4).

V

LES ÉLÉMENTS DE LA PUISSANCE DU CHEF

La puissance du chef est un assemblage de forces diverses : sa valeur personnelle, la valeur de ses subalternes et la collaboration aussi parfaite que possible de tous. — Moyens de rehausser ces éléments de puissance.

L'intelligence, le caractère, le dévouement ou sens du devoir constituent, pour ainsi dire, le fonds de première mise morale nécessaire pour pouvoir devenir un chef militaire.

Pour voir se développer davantage le caractère du commandement, il faut considérer le chef dans l'exercice de sa fonction, c'est-à-dire dans ses relations avec l'unité qu'il commande et dans les moyens d'action qu'il emploie pour assurer le *gouvernement* de sa troupe.

Votre *puissance* de chef, celle avec laquelle vous agirez quelque jour au combat, est la résultante d'un assez grand nombre de forces : votre valeur personnelle d'abord, la valeur, le courage, le dévouement de vos cadres, la valeur et le nombre de vos hommes... C'est la mise en œuvre concourante,

la *collaboration organisée* de ces forces élémentaires qui constitue votre puissance d'action.

Il vous faut donc exciter, développer, puis faire
converger ces diverses forces.

Vos inférieurs..., vous devez les désirer pleins de
ressort, de courage, de détermination et de fierté.
Ils seront, dans vos mains, non comme une pâte
molle dont vous n'avez que faire, mais comme autant d'armes dures et tranchantes qu'il faut savoir
tenir et manier.

Les chefs médiocres aiment mieux les personna-
lités veules ; il ne leur faut autour d'eux que des
choses faibles et pliantes, bonnes pour s'y étendre à
l'aise ; ils se défient de ces instruments de guerre
qui coupent trop bien. Comment se tirer d'affaire,
avec des inférieurs qui, au premier signe, partent
comme des traits, droit au but, sans qu'on ait le
temps de les rappeler ou de les détourner en route ?
On ne peut plus donner un ordre sans être astreint à
en examiner par avance toute la portée ; il faut renoncer à commander commodément, un peu en
l'air, au jour le jour, à sa fantaisie, sans quoi on
s'expose à voir l'inférieur, strict et raide, nous appor-
ter exactement les résultats, en nous remettant en
même temps la responsabilité. Bref, avec des inférieurs d'élite, il faut *savoir commander*, et c'est là
une obligation gênante.

Puis, les hommes courageux et déterminés sont

toujours fiers, d'une fierté incommode. Comme des
chevaux de sang, ils sont prêts à tous les efforts,
mais ils n'aiment pas les coups de bride brusques
ou maladroits; bref, ils ont la bouche sensible. Enfin,
les esprits fiers sont en général francs; ils se plient
difficilement à faire leur rôle dans cette comédie de
l'admiration craintive qui se joue ironiquement autour des chefs qui la goûtent.

Ayez des inférieurs ardents, résolus, entrepre-
nants et fiers; excitez encore en eux ces nobles
qualités, qui sont des forces, et sachez les conduire
comme ils doivent l'être. Pardonnez plus facilement
un mouvement d'humeur ou de fierté susceptible
qu'une déloyauté quelconque, une capitulation de
conscience ou une improbité; excusez un faux pas
commis au cours d'une action vigoureuse, mais sti-
mulez rudement les faiblesses.

Ajoutez aux forces morales de vos inférieurs la
fierté que donne la considération publiquement té-
moignée. Ils y ont droit, d'abord de par le galon
qu'ils portent. D'autre part, c'est la plus sotte des
erreurs que d'affecter de traiter des subalternes
comme de petits garçons ou des quantités négligeables. Quel intérêt prendront-ils au service, si
vous semblez vous-même leur dire qu'ils ne sont
bons à rien et que leurs actes sont sans conséquence?

Les relations de service doivent toujours être em-

preintes d'une courtoisie marquée, qui affirme à la fois la valeur de celui qui ordonne *et celle de celui qui obéit.* Nécessaires dans le service du temps de paix, ces formes calmes et mesurées prennent une valeur spéciale dans les circonstances critiques du temps de guerre. Elles montrent le supérieur en pleine possession de son sang-froid, elles donnent l'impression d'un commandement sûr, grave, réfléchi ; enfin, au moment même où le chef ordonne l'entreprise la plus périlleuse ou exige le dernier sacrifice, les formes qu'il emploie semblent dire à l'inférieur : « Vous voyez, je connais votre valeur ; vous êtes assuré que je ne vous sacrifie pas à la légère, comme une chose vile ; nous sommes tous deux dans notre devoir ; nous n'avons pas à compter avec nos personnes, ni avec les périls de l'action ; il s'agit d'un devoir, et, en tant que devoir, ce que je vous prescris est chose claire et simple... Allez, mon ami. »

Il va de soi que tout rappel à l'ordre brutal à un inférieur, en présence de la troupe, doit être proscrit. L'autorité de l'homme que vous interpellez est un des facteurs de la vôtre ; il serait absurde de votre part d'y porter atteinte.

Quant aux propos injurieux, le règlement les défend. Mais, sans aller jusqu'à l'injure, on est parfois tenté de faire ressortir une erreur ou de souligner une faute par quelque brocard familier ou quelque plaisanterie railleuse et ironique. — Ceci est grave :

l'injure n'étant pas formelle, l'inférieur n'a même plus la voie réglementaire de la réclamation ouverte et vous exercez votre esprit, à l'abri de l'autorité de votre grade, sur un homme désarmé. Cela n'a rien de glorieux et, de plus, de très vives rancunes peuvent en résulter.

Parlez à vos inférieurs comme à des collaborateurs indispensables qui vous sont absolument soumis et n'ont pas besoin qu'on leur rappelle à tout propos leurs devoirs de subordination. Vous serez alors dans la note juste : *la subordination doit toujours être présumée.*

N'omettez jamais de rendre un salut. Recevoir un salut en réponse à celui qu'il a donné est le droit strict de l'inférieur. Abuser de son autorité pour manquer à la fois à la discipline et à la politesse est chose... peu brillante.

Veillez à ce que vos gradés se saluent, même à grade égal, lorsqu'ils se rencontrent en public. Apprenez-leur l'attitude, le langage qui leur conviennent dans les diverses circonstances où ils peuvent se trouver, afin qu'ils ne soient jamais gauches ou embarrassés. Bref, intéressez-vous loyalement à vos collaborateurs subalternes et faites-leur une existence aussi digne que possible.

Une erreur bizarre, qu'on ne sait pas toujours éviter, est de prétendre donner aux hommes qui nous approchent journellement, qui font partie de notre suite, pour ainsi dire, de nos bureaux, etc..., une sorte de caractère intangible vis-à-vis de nos subalternes.

Si un inférieur rappelle à l'ordre ou punit notre ordonnance, notre planton, notre secrétaire..., il arrive parfois que nous sommes tentés d'y voir comme une sorte de lèse-majesté, ou d'y supposer *a priori* une intention hostile. — La discipline est faite pour tous, pour chacun de nous, si élevé en grade qu'il puisse être, pour tous ceux qui nous approchent, et ces derniers sont ceux que nous devons obliger à un respect particulièrement étroit des règles de subordination, de tenue, de service, afin de bien établir qu'à nos yeux le service est au-dessus de tout. — Quant à nous imaginer que notre personne possède une sorte de majesté communicative qui se diffuse sur notre entourage..., ce serait une infatuation étrange.

Le sentiment de la dignité personnelle est une force, aussi bien chez le simple soldat que chez le gradé ou l'officier; c'est un *élément d'énergie*. Vous ne négligerez aucun moyen de l'accroître, dans le cœur de vos soldats,

Quand vos jeunes soldats arrivent de leur village et franchissent pour la première fois le seuil du quartier, accueillez-les comme doivent l'être de braves gens qui viennent apprendre le *devoir commun* sous votre direction. Inspirez-leur le courage, la bonne volonté, l'entrain, la bonne humeur, tous les sentiments vivants et forts. Veillez à ce que personne au-dessous de vous ne se permette de faire appel à la crainte. Qu'on ne vous déprime pas, dès le début, par des humiliations, par des contraintes inutiles, ces jeunes hommes pleins de sève ; qu'on ne vous en fasse pas des soldats inertes ! Les premières impressions de nos hommes **sont décisives**; c'est d'après ce qu'ils éprouvent à leur début dans la vie militaire qu'ils se donnent **ou se refusent**. Quand on vous les aura rendus passifs, **quelle action** aurez-vous sur eux?

Cette idée détestable qu'il importe **d'abaisser** ou de ployer l'inférieur est plus répandue qu'on ne pense. Tel qui n'oserait l'exprimer la met constamment en pratique, d'une manière plus ou moins inconsciente.

Chez les uns, c'est simplement un instinct de brutalité et d'arrogance qui se donne carrière vis-à-vis des subalternes qu'ils ont en leur pouvoir, et ceux-là, par une conséquence naturelle, n'ayant pas le sens de la dignité personnelle, se montrent humbles et plats en présence des supérieurs, qu'ils supposent animés des mêmes passions. Chez d'autres, c'est parfois le résultat d'une erreur intellectuelle : l'état d'humiliation de l'inférieur est à leurs yeux une manifestation de la discipline ; ils se montrent raides et cassants, de parti pris, pour affirmer l'autorité de leur grade, pour obliger l'inférieur à faire preuve à tout instant de la déférence la plus difficile, pour inspirer une crainte salutaire. L'autorité, telle qu'ils la comprennent, est un fétiche dont ils sont les prêtres et devant lequel il leur appartient de faire courber tout le monde. Ceux-là peuvent fort bien être des chefs consciencieux et convaincus, des hommes de devoir, mais leur commandement est une erreur continuelle.

Le plus souvent, c'est sous l'empire d'un sentiment moins honorable qu'on travaille à ravaler ses inférieurs. Si on se livre à cette pratique détestable, c'est qu'on y trouve du plaisir, parce qu'on se sent rehaussé de toute la distance à laquelle on rejette ses subalternes, parce que notre incorrigible vanité n'aime pas voir autour d'elle des têtes hautes et des regards fermes. — Et nous retrouvons encore ici la même faute, le même vice, plutôt, l'infatuation personnelle du chef s'emparant, pour les exploiter au gré de ses instincts, des moyens d'action attribués au grade dans l'intérêt du service.

Si le règlement vous impose certains égards vis-à-vis de vos inférieurs, vis-à-vis même de chaque soldat considéré individuellement, toute unité organique a aussi *sa personnalité* digne de considération. C'est pour cette raison que les troupes qui se croisent se saluent réciproquement en se portant les armes.

Ne vous présentez donc pas d'un air nonchalant devant votre troupe; n'affectez pas, au milieu de vos subalternes, le sans-gêne d'un grand seigneur. Cela est déplacé; ces hommes ne sont pas *à votre service;* ils sont *dans le service,* et vous y êtes, vous aussi, tout comme eux.

Quand vous venez prendre le commandement de votre unité ou quand vous venez l'inspecter, portez-vous directement en face du centre et donnez le salut; s'il s'agit d'un régiment, c'est au **drapeau** qu'il faut aller; mais la courtoisie convient à un capitaine aussi bien qu'à un officier général. En entrant dans une chambre de troupe, arrêtez-vous et donnez le salut. Frappez à la porte, avant d'entrer dans la chambre de vos gradés...

Ne quittez pas votre troupe en lui tournant simplement le dos. Ce groupe d'hommes est autre chose qu'un paquet dont on se débarrasse en le laissant là. Le commandement de rompre les rangs fait au port du sabre et vis-à-vis du centre suffit; mais, si vous faites reconduire votre unité au quartier par un subalterne, prenez position de façon à la voir défiler jusqu'au dernier homme et ne partez qu'ensuite. Vous aurez ainsi marqué que vous prenez congé d'elle.

Rien n'est plus simple ni plus naturel que ces marques de considération courtoise. Mais, ici encore, défiez-vous de l'amour-propre qui vous guette. Si vous y apportez de l'affectation, si vous êtes préoccupé de vous singulariser; si, par exemple, vous vous mettez à introduire chez nous des formes bruyantes de salutation collective empruntées à quelque armée étrangère..., l'éternelle parade prétentieuse et puérile prend encore le dessus, la courtoisie simple et digne disparaît et vous n'en portez plus que le masque dérisoire.

VI

LE COMMANDEMENT ORGANIQUE

Le commandement s'exerce, non à force d'impulsions autoritaires, mais par le fonctionnement normal de l'organisme de l'unité. — Droit à la fonction. — Droit à l'initiative. — Nécessité de l'activité fonctionnelle.

Il ne suffit pas de rehausser le plus possible la dignité individuelle de vos subalternes et d'accroître leur valeur, il faut faire concourir leurs forces à l'œuvre commune, en leur donnant la part d'action à laquelle *ils ont droit*.

La fonction n'est pas seulement pour chacun l'obligation de fournir un travail, elle est aussi une prérogative du grade : j'ai conquis péniblement mes galons ; j'entends bien ne pas me borner à les porter comme des ornements ; ils ne sont que le signe public de l'autorité effective qui me revient. Si je me suis fait officier, c'est pour l'être réellement, pour exercer mes attributions, et, jusqu'à preuve du contraire, j'ai le droit de croire, de par mes insignes, de par ma lettre de service, que j'ai la capacité voulue. Surveillez-moi tant qu'il vous plaira ; si je me trompe, redressez-moi ; si je commets une faute, rappelez-moi à l'ordre ; *mais laissez-moi agir tout d'abord.* **Exercer** mon commandement dans toute sa plénitude, c'est mon droit, ma légitime fierté, et je ne me charge d'ailleurs de commander réellement que si vous me laissez faire ; le commandement ne se partage pas ; il se subordonne, ce qui est tout différent. — Voilà ce que pense l'inférieur quand vous vous substituez à lui dans son œuvre normale, et il a absolument raison.

Au fond, c'est un véritable abus de pouvoir que d'empiéter sur les attributions d'un subalterne. Rien ne peut autoriser un chef à amoindrir un inférieur en usurpant telle ou telle part de fonction. La supériorité de son grade lui donne toute facilité, sans doute, pour prendre au subalterne *une chose qui lui appartient,* mais il est quantité d'abus d'autorité que la subordination rend possibles à un chef, sans qu'ils en soient moins répréhensibles.

Le sentiment qui pousse à ces sortes d'usurpations est généralement une certaine inquiétude du résultat. La paresse y est aussi pour quelque chose : il est plus commode de continuer des fonctions anciennes que d'en apprendre de nouvelles. On se dit : cela peut mal tourner, mes inférieurs ne sauraient évidemment s'y connaître aussi bien que moi, *puisqu'ils sont mes inférieurs ;* je vais leur faire **voir** tous les jours, avec tout le zèle et toute l'ardeur dont je suis capable, comment il faut faire. — Et, très simplement, sans même s'en apercevoir, on se **trouve exercer d'une manière déplorable son propre**

commandement, tout en entravant abusivement celui de ses subordonnés. — Ce défaut grave résulte
d'une série d'erreurs.

Les unités tactiques sont, en effet, non pas des
sommes de sous-unités juxtaposées, mais des grou-
pements *organiques*. Un chef de bataillon, par
exemple, commande, non pas une somme de quatre
compagnies, ou quatre fois une compagnie, mais
une nouvelle unité plus haute, sur l'ensemble de
laquelle il agit et dont il est la tête. Son action de
commandement ne s'exerce pas directement sur
l'homme, elle ne doit parvenir à ce dernier échelon
de la hiérarchie qu'après avoir reçu aux échelons
intermédiaires, dans les compagnies, par les soins
des capitaines, les adaptations et les développe-
ments nécessaires.

Dans les manœuvres de la place d'exercice, ces
principes ont leur application évidente : le commandement du chef de bataillon s'adresse *au bataillon ;*
les capitaines le reprennent et le transforment
comme il convient dans chaque compagnie, et c'est
de son capitaine, parfois de son sergent ou de son
caporal, que le soldat reçoit l'impulsion dernière,
ou plutôt l'avant-dernière, car, en fin de compte,
c'est toujours sa volonté qui détermine le mouvement voulu. L'impulsion n'est même pas identique.
Le chef de bataillon n'a fait qu'un seul commandement et cependant les compagnies partent parfois
en sens inverse ou exécutent des mouvements diffé-

rents pour donner au bataillon la formation indiquée. Il est donc bien vrai que, même dans ce cas
d'une manœuvre tactique, qui est le plus étroitement défini de tous, le chef ne saurait prétendre
intervenir dans l'action de ses subalternes. Il peut
diriger, réprimander, rectifier, mais il ne lui viendra pas à l'idée d'aller se placer devant telle ou telle
compagnie pour y faire le commandement qui appartient au capitaine. Il est trop clair qu'à ce compte
il lui faudrait procéder successivement de même
devant chacune des quatre compagnies et qu'il serait alors, non plus un chef de bataillon, mais une
sorte de capitaine *à répétition*.

Il en est de même, quoique la chose soit moins
apparente, dans le *gouvernement* des unités ; mais
l'erreur est à la fois bien plus tentante et bien plus
grave.

Ici, les résultats ne s'obtiennent que par un travail de commandement méthodique bien suivi, que
toute intervention étrangère rompt et annihile.
L'officier s'y montre avant tout comme éducateur.

Or, qu'y a-t-il de possible en fait d'éducation si,
à chaque instant, *le maître* se voit interrompu et
redressé devant ses élèves, par un inspecteur quelconque qui se substitue à lui, à sa fantaisie, avec la
volonté affichée de lui montrer ce qu'il faut faire
(ce qui revient à lui dire publiquement qu'il ne sait
rien)? Quand nous intervenons ainsi dans son domaine propre, l'inférieur nous laisse faire et dire,

parce qu'il y est obligé; le chef parti, il reprend avec résignation l'œuvre interrompue, rétablit péniblement la situation qu'il avait produite, efface nos traces dans la mesure du possible et se remet en marche... en se disant *in petto* que, s'il agissait de même avec ses propres subalternes, ce serait cette fois la destruction absolue de tout commandement, du haut en bas de l'échelle.

Puis, en se laissant aller à ces interventions usurpatrices, on ne s'aperçoit pas qu'on s'attache à une œuvre de degré inférieur et qu'on abandonne précisément la tâche plus haute dont on a charge.

Tel chef a par son grade de hautes attributions; sa mission principale est, par exemple, de former ses officiers, de les élever au sens complet de leurs devoirs, de leur faire connaître la valeur et la portée de leurs fonctions... Et le voilà qui abandonne tout cela, pour se mêler activement de besognes infimes! — Vous craignez que tel ou tel de vos subalternes n'exerce mal son commandement, qu'il n'instruise mal ses recrues, par exemple; aussitôt, vous vous jetez au travers de sa besogne, vous gourmandez vous-même ses instructeurs. Qui sait! dans votre ardeur, vous finirez peut-être, à la fin de votre journée, par vous retrouver à la tête de quelque escouade, faisant fonction de caporal...

Si l'officier que vous suppléez abusivement dans ses fonctions est réellement insuffisant, vous emploieriez infiniment mieux votre temps et vos facul

tés à faire votre métier, qui est précisément de le
guider, de le stimuler, au besoin, de l'instruire, dans
tous les cas. Avoir de jeunes soldats mal dressés
serait mauvais, certes, mais il serait tout à fait la-
mentable d'avoir des officiers incapables d'instruire
leur troupe, et c'est alors à leur relèvement qu'il
conviendrait de vous attacher.

Voici une menue erreur, une petite faute qui
vous frappe dans l'unité d'un de vos sous-ordres.
N'allez pas vous précipiter aussitôt comme un gen-
darme qui prend un délinquant en flagrant délit,
car vous sortiriez par le fait de votre place organique et vous vous mettriez à faire la fonction d'un
subalterne. Ce qu'il vous faut obtenir, c'est que *celui
qui doit fonctionner fonctionne.* C'est à lui qu'il faut
songer. S'il n'y a là qu'un fait isolé, un accident, il
n'y a pas lieu d'en faire grand bruit. Mais si vous
vous trouvez en présence d'un véritable *défaut de
fonctionnement,* erreur permanente, négligence,
manque de conscience, etc..., alors il vous faut saisir le sous-ordre insuffisant ou coupable, le remettre
à hauteur de son œuvre et ne le lâcher que quand
il fonctionne normalement. Bref, si vous surprenez
quelque part un *défaut de fabrication,* c'est la machine qu'il faut examiner, c'est la pièce défectueuse
qu'il faut trouver au plus tôt, et il serait déraisonnable de vous astreindre à rectifier indéfiniment, au
fur et à mesure, les produits mauvais qu'elle vous
livre.

L'unité dont on a charge n'est pas une masse in-
forme. La mission du chef n'est pas de la mettre en
mouvement ou de l'arrêter, chaque fois qu'il le faut,
par ses seuls efforts personnels. Les plus robustes
ne tardent pas à sentir leur impuissance à un pareil
métier. L'unité doit fonctionner *par son organisation,* et c'est à assurer le jeu normal de son organisme que nous devons tendre. Il faut que tout y
soit, y reste et y fonctionne à sa place ; nous en fai-
sons nous-même partie, nous y avons notre fonction
définie, nos relations réglées ; si nous en sortons, si
nous empiétons à droite ou à gauche, en haut ou
en bas, sur les fonctions voisines... rien ne va plus.

Il faut que chacun connaisse et remplisse intégra-
lement sa fonction, si vous voulez que votre unité
soit un organisme de guerre et non une masse
inerte. En campagne, vous ne serez presque jamais
de votre personne au point précis où le danger se
montre et où il faut aviser. Quand l'ennemi apparaît en présence d'un petit poste, le capitaine est à
la grand'garde ; le commandant, à la réserve d'a-
vant-postes. Au combat, ce n'est que par l'action
de vos caporaux, de vos sous-officiers, que vos
lignes avanceront sous le feu... Ne vous laissez donc
pas distraire par tel ou tel résultat de second ordre ;
l'indispensable, c'est que l'organisme qu'on vous a
confié sache fonctionner.

Quand vos instructeurs sont en présence de leurs
classes, posez en règle qu'ils seront *absolument*

seuls à adresser la parole à leurs hommes, et tenez-y la main, car c'est difficile à obtenir. S'ils se trompent, évitez de faire ressortir leur erreur et de les interrompre ; ce n'est pas la régularité du maniement d'armes de vos recrues qui est la chose capitale, c'est la capacité de vos gradés et c'est d'eux qu'il faut vous occuper, si l'instruction marche mal.

Si des fautes redoublées contre la discipline se produisent, ne croyez pas avoir tout fait quand vous les avez réprimées une à une. Ces fautes, qui appartiennent déjà au passé, ne sont plus rien ; mais elles démontrent que quelque chose a manqué ou fléchi dans l'organisation de votre unité. C'est cela qu'il faut vous attacher à voir et à rétablir.

Ainsi, vous devez, pour accroître le plus possible la valeur de votre unité, qui est *l'outil de votre puissance de guerre,* d'abord en renforcer les diverses parties, c'est-à-dire développer les qualités militaires de vos inférieurs ; ensuite, mettre et maintenir chacun de ces éléments à sa place et l'y faire fonctionner. Vous réalisez, de cette façon, un instrument qui reçoit et transmet fidèlement votre impulsion, en lui faisant d'ailleurs subir la division, la répartition, les adaptations ou transformations diverses propres à déterminer l'exécution. — Cela ne suffit pas encore et votre œuvre n'est pas complète.

Votre troupe doit être, en effet, une unité non pas **mécanique, mais *organique.* Si** elle n'est propre

qu'à recevoir et traduire machinalement votre volonté, comme une arme qui fait feu sous la pression
de votre doigt, elle n'est encore qu'une chose inerte ;
il faut qu'elle soit toute pénétrée d'activité propre
et de vie. Vouloir faire la guerre avec une unité
inerte, dressée à attendre toujours votre impulsion,
serait chose à peu près aussi raisonnable que de
prétendre remplacer, à la chasse, les chiens par des
appareils mécaniques.

C'est le propre des organismes vivants (5) de
réagir immédiatement par eux-mêmes contre toute
lésion et de travailler spontanément dans le sens de
leurs fonctions. L'armée est un organisme dont la
fonction est la guerre ; dès que la guerre la touche
par une quelconque de ses manifestations, il faut
qu'immédiatement, au point touché, les actes nécessaires se produisent *d'eux-mêmes,* comme des
réactions locales de la vie de l'ensemble, sans avoir
à attendre des impulsions venues de plus ou moins
loin, qui laisseraient à l'ennemi le temps de tailler
et de trancher à son aise.

Celui de vos inférieurs, quel qu'il soit, qui vient
à se trouver au contact de l'ennemi, est tenu d'agir
immédiatement par lui-même, en vous attendant.
De plus, si l'action dans laquelle il se trouve engagé
est du ressort normal de son grade, si elle rentre
dans sa fonction de guerre, n'oubliez pas que le
droit de disposer librement de sa troupe est une de
ses prérogatives. Vous ne pouvez donc légitimement

intervenir qu'après avoir constaté qu'il se trompe.
C'est en vous imposant ces règles, parfois contra-
riantes, que vous éveillerez dans votre troupe la
force incomparable, toujours prête, présente partout, qu'on est convenu d'appeler l'*initiative*.

L'initiative doit être partout, jusque dans les
rangs de la troupe. L'armée qui en est pénétrée est
toujours prête à l'action dans tous les points de sa
masse. Chacun met son intelligence et son énergie
au service de l'œuvre commune ; l'armée cesse d'être
une pesante machine, elle s'anime, elle devient sensible en toutes ses parties ; on la dirait dirigée par
une pensée unique, et c'est le concours des intelligences individuelles vers le même but qui produit
cet admirable effet. Toutes les forces s'utilisent et
se mettent en œuvre d'elles-mêmes, elles cherchent
et trouvent leur application prompte et énergique à
la lutte entreprise. — Malheur à l'adversaire, si ses
bataillons attendent pour agir que des ordres leur
parviennent !

En poussant les choses à l'extrême pour les rendre plus frappantes, nous dirons que la question est
de savoir si vous voulez considérer votre troupe
comme un *automate* plus ou moins compliqué destiné à n'entrer en action que sous votre impulsion
personnelle, ou bien comme un ensemble organisé
de *collaborateurs* intelligents.

Ainsi posée, la question n'est pas douteuse ; mais

dès qu'on en vient à la pratique du commandement, elle s'obscurcit singulièrement; mille objections s'élèvent. Le chef se croit diminué par la liberté d'action qu'il laisse à ses subalternes; puis... le subalterne pourrait parfois se tromper. — On oublie si aisément qu'on n'est pas soi-même infaillible !

Enfin, chez certains hommes, quand tout s'ébranle autour d'eux, quand l'ardeur du combat s'empare de tous, la notion de l'action de direction, haute et calme, s'enfuit dans l'entraînement général; le chef perd de vue l'action froide, mesurée, persistante, qu'il doit exercer sur l'ensemble; brusquement, il descend les degrés de son poste de commandement, abandonnant sa fonction, pour se jeter dans la mêlée, où sa valeur utile ne va plus être que celle d'un simple soldat.

Tant qu'on n'a pas compris à fond le respect dû au commandement partout, en quelques mains qu'il se trouve, entre celles de ses inférieurs aussi bien qu'entre celles de ses chefs; tant qu'on n'est pas pénétré de la nécessité de la collaboration active et intelligente de tous, tant qu'on n'a pas pris sur soi de s'imposer, dans le service journalier, à force de raison, l'obligation de laisser à chacun sa part intelligente d'action, on reste le jouet de ces mouvements impulsifs qui font subitement oublier à un chef sa vraie fonction, l'enlèvent à son poste, même à son poste de combat, et le jettent à la tête de quelque unité secondaire, où il se retrouve, en fin de compte, faisant avec ardeur le service d'un de ses subalternes, au grand détriment du sien propre.

Il y a donc là une règle à s'imposer journellement avec un effort de volonté assez grand : ne pas gêner l'action de nos subalternes ; ne pas empiéter sur leur attributions ; faire constamment appel à leur collaboration intelligente ; exciter leur esprit d'initiative ; louer leur décision, leur promptitude à agir spontanément, quand bien même ils auraient procédé d'une façon défectueuse. *Le résultat du moment est chose secondaire ;* ce qui est essentiel, c'est de leur conserver toujours intact l'esprit d'initiative.

On ne saurait trop le répéter, les armées sont vivantes, quand l'esprit d'initiative est en elles ; sinon elles sont inertes.

Le chef doit donc pousser son inférieur à l'action et lui présenter comme les fautes les plus graves : les hésitations, les abstentions, les craintes, toutes les tendances qu'on peut avoir à se refuser, à esquiver les devoirs de son grade ou les responsabilités qui en résultent. Le fait de n'avoir pas agi quand il fallait agir, d'avoir *attendu des ordres,* est un de ceux que l'histoire des guerres nous montre comme susceptibles d'avoir les plus terribles conséquences.

Pendant quelque temps, on en était venu à croire, dans notre armée, que l'initiative à la guerre était comme une prérogative du commandant en chef. Cette erreur de doctrine a été l'une des trois ou quatre causes essentielles de nos désastres. L'initiative passait alors facilement pour une faute qui frisait l'insubordination ; c'était une sorte d'empiétement audacieux sur les prérogatives du chef chargé de tout mettre en branle par sa seule impulsion. Du côté des Allemands, des batailles ont été engagées et gagnées par l'initiative des chefs en sous-ordre qui agissaient hardiment, spontanément dans le sens de la direction générale des opérations et faisaient acte de collaborateurs intelligents. Arrivées par un point quelconque au contact des positions défensives françaises, les troupes espacées sur le front de marche venaient s'y appliquer, comme les tentacules d'une pieuvre qui s'attachent à la proie, et entraient aussitôt en action contre nos troupes résignées à les laisser prendre leurs dispositions d'attaque à leur aise... Étudiez les batailles sous Metz, gagnées par nos ennemis dans des conditions presque invraisemblables ! Vous verrez que c'est bien cela : des actions offensives qui s'engagent comme d'elles-mêmes, s'étendent, finissent par s'appliquer à tout le front de l'adversaire et le débordent au besoin. Cela s'exécute dans les conditions les plus hasardeuses, avec des lignes de communication d'une fantaisie surprenante, en présence de forces d'abord supérieures... et cela réussit, par la seule raison que l'adversaire *ne réagit nulle part* et laisse prendre impunément sous ses yeux toutes les dispositions préliminaires.

Chaque fois que vous êtes tenté de juger excessive l'initiative d'un subalterne, réfléchissez, avant d'intervenir. Demandez-vous si cette contrariété que vous éprouvez n'est pas en réalité l'effet de quelque faiblesse personnelle. Ne seriez-vous pas atteint à quelque degré, vous aussi, de cette aberration vaniteuse qui nous fait voir notre fonction comme un moyen de nous mettre en vedette, de parler et d'agir avec importance ? — S'il en est ainsi, tout s'explique, car, avec cet état d'âme, le chef entend toujours que rien ne se fasse en dehors de lui, et tout acte spontané est une blessure à son désir passionné de ne voir et de n'admettre autour de lui que des manifestations de sa puissance propre. Il se présente aux yeux comme un Jupiter sourcilleux tenant en main la foudre, et sa colère est grande, si vous vous avisez d'aller lui ravir et de lancer vous-même un de ses terribles carreaux.

Demandez-vous encore, avant d'arrêter un acte d'initiative, si l'erreur que vous voulez ou croyez empêcher vaut bien la diminution d'autorité que vous allez infliger à votre subalterne. — D'une manière générale, réfléchissez sérieusement, car vous êtes peut-être sur le point de porter atteinte à une force sacrée.

Vous ne pouvez méconnaître que l'initiative est un des éléments essentiels de la victoire. L'empêcher de naître, l'étouffer par avance en temps de paix est un acte criminel, à moins qu'il ne soit inconscient. Encore l'inconscience n'est-elle qu'une pauvre excuse, car on ne saurait admettre qu'un officier ne se donne pas la peine de réfléchir aux devoirs de sa charge ou prenne d'un cœur léger son parti de les ignorer.

S'il importe que le subalterne jouisse de la plus grande initiative, lorsqu'il a un commandement à exercer, il est nécessaire aussi, dans le même ordre d'idées, qu'il dispose d'une unité suffisamment analogue dans sa contexture et dans sa force à celle du temps de guerre. Protéger et respecter l'exercice du commandement est bien, mais encore faut-il tout d'abord que l'officier trouve matière à commandement. Cela est indispensable. Un officier privé de commandement, soit par suite de la nature de l'emploi qu'il occupe, soit pour toute autre raison, se trouve dans une situation militairement démoralisante ; il est en somme, si on veut bien y réfléchir, comme en non-activité militaire. Ses pensées, ses facultés de toute espèce ont perdu leur point d'application normal ; il se forme et s'adapte à d'autres occupations, sous l'influence journalière de fonctions différentes. — La profession des armes est jalouse ; elle n'admet aucun partage. Qui s'en éloigne y devient impropre (6).

VII

LES PROCÉDÉS DE COMMANDEMENT

La crainte ? — L'appel au sens du devoir. — Erreurs et fautes : l'arrogance, la recherche de la popularité, la fuite des responsabilités.

Pour développer la valeur d'une unité, il faut : 1° faire naître et croître la valeur des éléments individuels ; 2° établir ces éléments à leur place dans leur fonction ; 3° exiger qu'ils y agissent avec toute leur vigueur, c'est-à-dire avec toute leur intelligence. — Nous avons étudié précédemment les deux premiers points. Passons au troisième et examinons quels sont nos moyens d'action.

Employer la crainte comme moyen de commandement est bien le procédé le plus surprenant qu'on puisse imaginer. — Vous vous adressez à des soldats : la première qualité à leur inculquer est assurément le courage, et vous leur faites suivre journellement ce qu'on pourrait appeler des exercices pratiques de peur ! L'idéal serait au contraire d'apprendre à vos inférieurs à ne rien craindre. Jamais vous ne jugerez trop grande la somme de leur courage, si vous réfléchissez aux épreuves du temps de guerre et du service de combat.

Sans doute, les blessures et la mort n'ont qu'un rapport lointain avec les épreuves humainement modérées de la répression disciplinaire. Tel qui craint les premières ne redoutera pas les autres, et inversement. Cependant, le procédé d'action par la crainte est si véritablement illogique qu'on voit parfois des officiers regarder d'un œil assez indulgent les mauvais sujets prompts à se lancer dans toutes les entreprises qui leur plaisent, à *tirer toutes les bordées,* en bravant les répressions dures qu'ils savent encourir.

C'est qu'au fond, en conscience, rien n'est piteux comme un soldat qui accepte la crainte pour mobile de ses actes. Passe encore pour la crainte des punitions légères, qui est plutôt l'appréhension d'un ennui et le désir intelligent de l'éviter ; mais la crainte des répressions afflictives n'est pas dénuée de quelque parenté avec la poltronnerie proprement dite. Qu'on appelle la chose comme on voudra, il ne faut pas habituer des militaires à se montrer craintifs.

Qu'un jeune soldat s'imagine que dans l'armée on agit par crainte du caporal, lequel fonctionne par crainte du sergent, qui lui-même fait son service par crainte du lieutenant, et ainsi de suite ; qu'il se forge ainsi une grotesque machine au sommet de laquelle il entrevoit son colonel faisant marcher le tout par les moyens de crainte **supérieurs** dont il dispose..., cela se comprend ; cette conception naïve peut se faire jour dans le cerveau d'un jeune paysan que ses chefs n'ont pas encore eu le temps d'éclairer. On ne saurait admettre qu'elle s'implante dans l'esprit d'un officier.

Les officiers sont tenus de détruire ces idées fausses ; ils doivent comprendre et faire comprendre que le service est une collaboration, que l'obéissance doit être spontanée, qu'obéir ou commander c'est toujours *faire sa part de la tâche commune, sous l'inspiration d'un devoir commun.*

Dans des circonstances normales, vis-à-vis d'inférieurs qui font profession de discipline, l'autorité du chef n'a pas à affecter de conduire par la menace et par la crainte des gens qui ne demandent qu'à marcher. Elle doit se montrer dans son action journalière ce qu'elle est en réalité. Loin d'être menaçante, l'autorité du chef est, en général, un pouvoir bienfaisant, absolument nécessaire aux subalternes sur lesquels il s'exerce, dont il centuple les forces en les groupant en faisceau. On le voit bien au combat, où l'action souveraine du chef est désirée de tous, chacun se sentant bien petit et bien faible quand il ne peut compter que sur ses propres forces. La collaboration *mutuelle* du chef et du subalterne est alors évidente ; il est clair que tous deux représentent une même force appliquée à une même œuvre au nom d'un même devoir.

C'est parce qu'ils avaient le sens profond de cette

identité du devoir sous ses aspects divers de commandement et d'obéissance, que les soldats de la Révolution ont été au fond souverainement disciplinés, en dépit d'une liberté d'allures que nous n'admettrions guère aujourd'hui. On se pliait malaisément à la règle, officiers et soldats vivaient sur un pied de familiarité inouï ; mais, du général en chef au simple soldat, tous se sentaient soumis avec une abnégation parfaite au grand devoir national qui réclamait toutes leurs forces. C'était là leur discipline. On faisait bon marché des marques de respect, mais, à la veille d'une bataille, blessé ou malade, on désertait l'hôpital pour rentrer dans le rang et prendre sa part du devoir.

Conservez avec grand soin, dans votre unité, à l'action de commandement et à l'action d'obéissance ce caractère d'un devoir commun au chef et à l'inférieur, caractère souvent méconnu et dénaturé. Si vous êtes vous-même bien pénétré de cette idée, vous ne serez nullement tenté de chercher dans la crainte un moyen d'action, vous n'emploierez les rares punitions qui sont nécessaires que comme des moyens de *répression* applicables aux natures inférieures sur lesquelles on n'a pas d'autre prise, à celles qu'on ne peut élever au sens de la subordination digne et volontaire. Une punition légère, non afflictive, pourra vous servir parfois à bien affirmer la réalité et l'importance d'une faute commise ; mais, dans tous les cas, défendez absolument que qui que ce soit prononce jamais *la menace* d'une punition : déterminer l'obéissance par ce procédé, c'est briser le ressort moral de la subordination, c'est renier le seul principe de discipline qui puisse rester intact toujours et partout, dans les circonstances les plus critiques du temps de guerre, dans la défaite, dans la déroute. C'est du reste, en définitive, substituer à la discipline du devoir, qui est la seule vraiment digne de ce nom, une discipline inférieure d'humiliation et de compression. Si vous voulez réellement vous préparer de rudes soldats, assez fiers, hardis et dévoués pour aller à l'assaut sous le feu, il y a plus et mieux à faire que de les domestiquer.

Cette idée que le dévouement volontaire au devoir est la véritable source de la discipline et de la force de notre unité rencontrera inévitablement des sceptiques. Bien des officiers se diront : du dévouement, il est bon sans doute que nos hommes en aient; mais il importe avant tout que l'ordre du chef soit exécuté immédiatement avec une soumission absolue, et c'est cette sûreté de l'obéissance qui fait la valeur de la machine. Bref, l'esprit de devoir est fort beau; mais la *subordination* est le levier indispensable, le seul sûr, tout au moins, et c'est l'esprit de subordination que nous entendons maintenir et cultiver. — Beaucoup iront plus loin encore en se laissant glisser sur cette pente et, pour maintenir l'esprit de subordination, ils seront amenés à reprendre comme moyen d'action la crainte.

Qu'on y réfléchisse cependant. — Voici une troupe de fantassins qui marche à l'assaut d'une position. Ces hommes ont fait quarante kilomètres la veille, courbés sous le sac, aveuglés par le soleil, couverts de sueur et de poussière ; ils sont arrivés les pieds en sang, écrasés de fatigue, au point de vaciller sur leurs jambes comme des gens ivres. On les a parqués tout bonnement dans un champ pour passer la nuit. Aujourd'hui, à l'aube, on a remis sac au dos, on a marché de nouveau et voilà ces hommes qui courent à l'assaut, sous le feu, laissant derrière eux des cadavres. — Est-ce par subordination qu'un peuple impose à ses enfants cette épreuve et que ceux-ci l'affrontent ? Est-ce bien la subordination qui, *par sa vertu propre et à elle seule,* produit ce miracle d'abnégation humaine ? Ne voyez-vous pas que, *pour que ce sacrifice soit exigible aujourd'hui,* dans une armée civique, il faut autre chose, il faut que le droit du chef à l'obéissance s'appuie sur une force reconnue et acceptée de tous... sur le sens du devoir ? — C'est parce que le devoir est accepté en masse par votre troupe que vous avez action sur chaque individu.

Placez-vous même dans les circonstances les plus ordinaires du temps de paix. — Est-ce par obéissance disciplinaire que vos hommes apprennent et acceptent **pour l'avenir leurs devoirs de guerre ?**

Est-ce le sentiment de l'obéissance qui imprime dans leurs cœurs cette conviction extraordinaire qu'ils courront quelque jour sans hésitation à la mort ?

La soumission craintive vous assurera dans votre unité un astiquage brillant, un paquetage régulier. Vous obtiendrez toutes les apparences extérieures que vous voudrez, du moins tant qu'on vous saura là, et qu'on n'aura pas la possibilité de vous tromper. Vous n'aurez jamais le fond ; vous ne ferez pas *des soldats*.

Voici où gît le malentendu. L'esprit de devoir est bien la force essentielle de l'armée. C'est bien le devoir du subalterne qui fait le droit du chef ; l'obéissance résulte très naturellement de cet état de choses, mais lorsque l'officier n'a pas suffisamment réfléchi à la nature de son autorité, il n'en perçoit pas l'origine ; il n'en voit que ce qui frappe immédiatement son esprit et ses yeux : des chefs qui sont munis d'insignes, qui commandent en montrant leurs galons, et qui ont entre les mains des moyens de forcer l'obéissance. En regard, ils aperçoivent des hommes qui se plient au commandement et qui savent que leur soumission sera au besoin obtenue par contrainte. C'est donc la contrainte exercée par les uns et subie par les autres qui saute aux yeux tout d'abord ; pour ceux qui ne savent pas voir plus loin, elle est et doit être le **ressort de l'action.**

Il en est pourtant tout autrement. Sans doute, il est bon qu'on sache que le chef a entre les mains les moyens de forcer au besoin l'obéissance, mais cela ne veut pas dire que ces moyens de contrainte doivent être les moyens de son action *normale*. L'expérience montre que les unités soumises au régime de l'intimidation continuelle sont en réalité les plus indisciplinées, celles dont l'obéissance est la moins sûre. On ne les fait marcher pour ainsi dire qu'à coups de force. L'idéal de la discipline serait-il d'avoir des hommes qui ne bougent que quand on les pousse avec une violence assez grande ou quand on leur montre l'autorité comme un lourd bâton toujours levé ?

La subordination est *un devoir d'homme libre*, et non une servitude ; elle doit être pratiquée dignement, comme une obligation loyalement acceptée, sans humilité, sans hésitation, *sans crainte*. C'est sous cet aspect aussi qu'elle doit être présentée et exigée par le chef. Il convient surtout d'éviter de lui donner jamais le caractère d'une sujétion personnelle. Nos inférieurs ne sont pas *à notre service ;* il sont ainsi que nous *dans le service*. Le commandement d'une part, l'obéissance de l'autre, sont choses impersonnelles, car nous ne sommes que les représentants temporaires (bien éphémères parfois) des droits et des devoirs du grade que nous occupons ; à chaque instant, l'un ou l'autre d'entre nous disparaît, emporté par une simple mutation, par une mise en retraite, ou par la mort; l'œuvre n'en continue pas moins avec la même autorité pour celui qui s'en trouve chargé, avec les mêmes droits, les mêmes devoirs et les mêmes honneurs, car il n'y a rien de changé dans l'armée quand l'un d'entre nous s'en va.

C'est là du reste — remarquons-le en passant — l'une des raisons de la nécessité de l'abnégation personnelle dans l'exercice du commandement, que nous avons indiquée dès le début de cette étude. Personnellement, en tant que personnalité humaine ou privée, nous avons dans l'armée la valeur d'un atome, nous ne valons que par notre fonction dans l'ensemble. Il en est de même, en somme, dans tous les emplois publics; seulement, dans l'armée, la fonction prend le caractère d'un devoir moral absolu, permanent, qui absorbe toutes les forces de l'individu et exige tous les sacrifices, alors qu'ailleurs elle n'est qu'une obligation limitée dans son étendue, dans sa durée et dans ses exigences. Toute tentative de parade personnelle dans l'exercice du devoir militaire est purement dérisoire.

Fermons ici cette longue parenthèse et revenons à la subordination. — La subordination est chose digne et impersonnelle. Entre le supérieur qui parle et l'inférieur qui écoute, il y a toujours une troisième personne, un intermédiaire invisible, qu'on appelle généralement *le service* et qui est en somme le devoir militaire. Le chef et son subalterne sont tous deux *dans le service,* ou si vous voulez, *dans le devoir militaire commun,* et c'est ce devoir toujours présent qui a pour manifestations, d'une part l'autorité, d'autre part l'obéissance.

Pour exprimer encore sous une autre forme cette idée essentielle, nous dirons que l'autorité du chef et l'obéissance du subalterne sont en réalité deux aspects d'une seule et même chose : le devoir commun ou le service. Qu'on regarde cette chose unique par en haut ou par en bas, du côté du chef ou du côté de l'inférieur, elle n'est ni plus ni moins digne, ni plus ni moins belle.

Prenons un exemple.

Le front de l'armée se heurte à un poste avancé de l'ennemi. Aussitôt, surgit le *devoir commun* de l'enlever. Ce devoir commun sera pour le colonel du régiment qui se trouve en présence de l'obstacle l'obligation de commander à un de ses bataillons de se porter à l'attaque ; pour le chef du bataillon désigné, ce sera l'obligation de porter sa troupe à l'attaquer... ; pour le soldat, l'obligation d'y marcher, mais c'est toujours la même chose : un même devoir, une même œuvre qui se partage et se subdivise, des hommes de grade différent qui agissent sous une impulsion morale commune. Dans le service du temps de paix, cette similitude de nature du commandement et de l'obéissance ne se manifeste pas aux yeux d'une manière aussi évidente ; elle n'est pas moins réelle.

Le commandement et l'obéissance étant des actes d'égale dignité, il est clair qu'un ton arrogant chez le chef et une attitude humiliée chez l'inférieur sont également déplacés. Tout cela n'est que vanité, simulation peu fière, apparence affectée. Lorsque des relations aussi fausses peuvent s'établir du supérieur au subalterne, il est manifeste que tous deux sont, en dehors du devoir commun, bien plus préoccupés de leurs attitudes que de l'intérêt du service.

Tous ces faux semblants sont du reste sujets à des accidents ironiques : on n'est jamais le supérieur de quelqu'un qu'à la condition d'être en même temps l'inférieur d'un autre ; tel qui prend des airs plein de morgue vis-à-vis de ses inférieurs est exposé à se trouver au même moment, à l'improviste, en présence d'un chef, il lui faut alors exécuter instantanément un changement à vue de physionomie qui n'a rien de... décoratif.

Si l'arrogance est haïssable, la recherche de la popularité répond à une préoccupation non moins vicieuse en soi, puisqu'elle vise à une satisfaction égoïste. Le chef qui s'y abandonne est en dehors du devoir. Nous ne pouvons pas, sans fausser notre mission, subordonner l'exercice du commandement au désir de nous attirer l'affection de nos subalternes.

Il s'établit très naturellement, par la force des choses, un attachement réciproque sérieux entre le chef et ses subalternes, au cours de leur collaboration à l'œuvre commune. L'affection qui se produit ainsi d'elle-même est infiniment plus forte que celle qu'on peut s'attirer par des démonstrations extérieures ou des complaisances souvent consenties aux dépens du service ; elle a de plus l'avantage d'être sincère et désintéressée. Qu'elle se manifeste, à l'occasion, d'elle-même, discrètement dans le service, plus chaudement en dehors du service, on ne peut que s'en louer ; rien n'est plus honorable, puisque ces manifestations n'ont rien d'arrangé, ni de calculé, qu'elles sont loyales en un mot, et qu'on n'en fait pas étalage.

Mais il y aurait quelque chose de répugnant à employer des artifices pour *prendre* ses inférieurs par les démonstrations d'une affection simulée. Cette captation d'affection, quel qu'en soit le but, ne saurait être tout à fait honorable. Il y a une certaine probité morale qui souffre de toute déloyauté, si légère qu'elle soit, introduite dans les relations de gens appelés à marcher ensemble au combat avec un degré de dévouement qui implique la plus entière confiance.

L'affection réciproque qui naît du devoir accompli en commun n'a rien d'analogue d'ailleurs aux procédés de commandement agréables et faciles qui s'étalent dans la littérature contemporaine.

L'idéal actuel du chef, en littérature, semble être le type à la fois *bon garçon* et aristocratique. Le subalterne, le soldat tout au moins, est comme un bon gros chien dont le chef fait tout ce qu'il veut, en lui distribuant de temps à autre, de sa main fine et bien gantée, quelque petite tape amicale. Il se présente comme un être inférieur dont on obtient le dévouement naïf à bon compte, et, comme on a des sentiments délicats et distingués, on se sent volontiers parfois une pointe d'attendrissement à la vue de cette espèce de Quasimodo, si incomplet au moral, qui met toutes ses forces au service de son maître pour quelques menues bribes de bienveillance... Cela est archi-faux.

D'abord, le service obligatoire nous donne des hommes dont beaucoup ne nous sont inférieurs en valeur générale que par leur grande jeunesse. Cette infériorité disparaît même dans la réserve et dans l'armée territoriale. Puis la discipline familière et caressante, chère aux âmes précieuses et aux cœurs sensibles, qui se traduit par des mièvreries, des complaisances, des faiblesses aimables, et se confirme par le pourboire prompt et fréquent... cette discipline-là n'est qu'une amusette fragile et gracieuse ; ce n'est pas la discipline *militaire*.

A l'origine de cette erreur séduisante nous retrouvons encore et toujours la même cause : le manque d'abnégation. Le chef emploie son commandement à la satisfaction de ses sentiments propres. Délicats et tendres, ces sentiments faussent la discipline en l'énervant, en la puérilisant ; ils la détruisent autrement que la morgue et la dureté des gens à tendances brutales, mais tout aussi sûrement. Le sens dans lequel la déviation s'est opérée est différent, mais il y a déviation.

Il est absolument indispensable que le devoir commun se présente *tel qu'il est,* sans le moindre déguisement, si nous voulons le faire connaître et accepter entièrement de tous.

En temps de paix, nous sommes avant tout des *éducateurs,* chargés de faire naître et d'organiser des forces qui durent et que nous retrouverons au jour de la mobilisation. — Que tel ou tel homme ait eu jadis un lieutenant ou un capitaine sensible et charmant, cela est fort bon, mais nous importe peu au moment où l'on aborde les épreuves du service de guerre. Ce qu'il nous faut alors, ce sont des hommes pénétrés du caractère invinciblement obligatoire du devoir militaire, l'ayant compris et pratiqué comme tel et définitivement accepté.

Voilà le résultat à chercher. Le commandement ne nous est pas plus confié pour y épancher les douceurs ou les mièvreries d'une âme délicate, que pour nous y livrer à des arrogances ou à des brutalités. Ce n'est pas pour donner satisfaction à nos tendances même les plus distinguées qu'on nous le remet, mais bien pour assurer la **pratique d'un devoir déterminé.**

Il y a un genre de popularité dont nous ne parlerons qu'avec quelque réticence, tant il serait dur d'avoir à le qualifier exactement : c'est celui qu'un chef recherche auprès de la troupe, aux dépens de ses subordonnés immédiats.

L'erreur est si manifeste, le procédé si odieux, qu'on ne peut guère penser que cela se produise autrement que sous la forme d'une tendance légère et inconsciente. Il ne faut pas moins s'en garder soigneusement. Ayons pour nos soldats toute la sollicitude que nous leur devons, mais sans l'afficher, et surtout sans jamais nous mettre pour ainsi dire à *faire du zèle* à leurs yeux, à prendre parti pour l'homme contre ses chefs immédiats, à nous poser comme son protecteur indispensable !

Évidemment, cela ne se passe jamais d'une façon aussi claire, et il ne peut être question que d'une tendance.

« Vos gradés ne vous soignent pas ; mais attendez, je m'en vais les faire marcher rondement. Au fond, voyez-vous, il n'y a que moi qui éprouve quelque intérêt pour vous, c'est à moi que vous devez tout ; si les gens qui vous commandent font quelque chose pour vous, c'est parce que je suis là... »

Qui oserait dire cela nettement à sa troupe ?

Un pareil procédé serait évidemment monstrueux, puisqu'il constituerait un attentat direct au principe de la subordination hiérarchique, une excitation à l'indiscipline, une trahison du devoir commun, et la destruction de l'autorité entre les mains des collaborateurs de rang inférieur.

Cela ne peut guère se produire d'une manière aussi caractérisée, mais cela se voit parfois sous la forme d'une tendance inconsciente : le chef parle au soldat ou au sous-officier avec la douceur et la tendresse d'un père ; il l'encourage à exprimer ses désirs, à formuler ses plaintes, comme s'il voulait saisir avec chaleur l'occasion de lui plaire, puis il se tourne vers le lieutenant ou le capitaine et alors son regard se fait dur, sa parole se fait sèche, pour leur demander des comptes : ceux-ci ne sont plus de sa famille ; ce sont des mercenaires douteux, chargés d'assurer le bien-être de ses enfants ; il les surveille de près et il les traite sans ménagements, car sans cela ses fils seraient abandonnés et manqueraient de tout.

Nous ne prétendons pas qu'il existe réellement des chefs de ce type ; nous avons intentionnellement appuyé sur les traits pour les faire mieux saisir et nous ne voulons en définitive en retenir que ceci : toute tendance, si vague et accidentelle qu'elle puisse être, à nous faire un petit piédestal d'autorité ou de popularité aux dépens de nos subordonnés est blâmable au premier chef ; elle constitue vis-à-vis de nos collaborateurs subalternes une sorte de trahison commise au cours de l'œuvre commune.

Une défaillance à peine moins grave, c'est la

fuite des responsabilités. S'abstenir d'un acte de commandement sous l'impression d'une crainte quelconque, est déjà le fait d'un pauvre homme ; l'acte une fois ordonné, chercher à en esquiver la responsabilité par des ruses ou des explications... atténuantes, c'est chose peu brillante ; mais rejeter une responsabilité sur un inférieur qui n'a fait qu'obéir, est une faute de nature spéciale. Si vous la surprenez quelque part, réprimez-la durement, et obligez celui qui s'en est rendu coupable à ouvrir les yeux et à reconnaître la nature de son acte.

Il appartient d'ailleurs au chef, en règle générale, de se mettre de lui-même en avant dès qu'il s'agit de son unité ; il en est le représentant obligé et ne saurait admettre que les reproches l'épargnent pour aller chercher par-dessus sa tête des responsabilités de second ordre. C'est à lui de se saisir de l'affaire qui se présente, bonne ou mauvaise ; c'est d'ailleurs aussi à lui seul qu'il appartient de demander directement compte des fautes commises à ses sous-ordres.

Il ne faut pas que, par égard pour le rang un peu élevé de certains, on fasse, du haut de tous les échelons de la hiérarchie, retomber directement tous les reproches, toute la responsabilité, toute la répression, sur les gradés inférieurs. Ces derniers ont d'abord particulièrement besoin de voir leur autorité ménagée aux yeux de la troupe ; puis ils finiraient par se demander s'ils constituent, en défi-

nitive, une catégorie déshéritée ; la discipline ne serait plus à leurs yeux le devoir commun, mais bien
une charge dont on sait s'alléger en haut, un écra-
sement des petits par les grands. De là à penser
que tout cela n'est qu'une gêne et à chercher à s'y
soustraire à force d'adresse, il n'y a pas bien loin
et, la conception du devoir militaire se trouvant alors
abolie, la discipline vraie n'existe plus.

VIII

LA SUBORDINATION

La loyauté envers le chef. — Défaillances : l'esprit de dénigrement, l'hostilité, les rancunes, l'intrigue. — Le devoir de véracité.

L'unité toute pénétrée de force guerrière que vous avez su former, je suppose, est destinée à agir, le plus souvent, non pas seule mais comme partie d'un groupe organique supérieur. Vous commandez votre unité, mais vous êtes sous le commandement d'un chef. Vous lui obéissez, en commandant en sous-ordre, et vous retrouvez entre lui et vous, en sens inverse, ce devoir commun qui existe entre vous et vos inférieurs, qui s'étend à toute l'armée.

La nature de vos relations avec votre chef n'a donc pas besoin d'être longuement expliquée. Votre situation vis-à-vis de lui n'est pas autre que celle de vos inférieurs vis-à-vis de vous-même.

Au nom du devoir commun, vous êtes tenu d'agir comme son collaborateur soumis et loyal. Il se présente comme vous vous présentez vous-même à vos subalternes, avec l'autorité la plus légitime et la plus respectable. Vous devez.concourir à rehausser

tant que vous le pouvez sa part d'autorité, qui est
une force nécessaire au même titre que la vôtre.

L'esprit de dénigrement à l'égard des supérieurs
est un défaut grave. Il devient tout à fait coupable
quand il se tourne en un manquement à la collaboration constante qu'on leur doit. L'inférieur rompt
ainsi de son côté le devoir commun, il le rompt sub-
repticement, en feignant de l'observer ; il y a dans
cet acte comme une odeur de trahison. Le chef
compte sur vous dans l'action qu'il exerce au nom
de l'armée ; ne pouvant lui manquer ouvertement,
vous vous dérobez par quelque feinte.

Rien ne peut autoriser ni justifier cette manière
de faire. Eussiez-vous les griefs les plus justes, le
chef a le droit de compter sur votre concours absolument loyal et complet. L'obéissance, comme le
commandement, est chose impersonnelle ; chef ou
subalterne, vous n'agissez que comme partie de
l'organisme général de l'armée, sous l'impulsion du
devoir militaire. Chercher à échapper *à la loyauté
de la subordination*, c'est se mettre hors du devoir,
hors de l'armée. Vous, chef de telle ou telle unité,
vous devez ignorer dans le service ce que personnellement vous pouvez avoir à reprocher à votre
supérieur ; cela n'a rien à voir avec son commandement ni avec votre obéissance.

Quant à dénigrer un chef dans le service, en présence d'inférieurs, c'est un attentat direct contre le

devoir militaire. Vous emploierez ainsi votre autorité à agir précisément en sens contraire de vos
fonctions, à saper l'organisation que vous avez
charge de soutenir; ce serait une sorte de forfaiture.

Un tel procédé vous semblera de plus haïssable,
si vous songez qu'au moment même ou vous êtes
tenté de rompre sournoisement le pacte tacite de
solidarité qui vous unit, le chef que vous trahissez
l'observe peut-être de son côté loyalement à votre
égard. Tel officier qui, dans un moment d'humeur,
aura laissé échapper des appréciations malveillantes
sur un de ses chefs, éprouvera sûrement quelque
gêne, si, le lendemain, un acte de bienveillance af-
fectueuse, une preuve de ferme solidarité vient à
lui montrer qu'en dépit de griefs plus ou moins
réels, le chef n'a pas cessé d'être l'appui parfaitement sûr de son subordonné.

La malveillance de l'inférieur à l'égard du supérieur peut se produire de diverses façons. Elle naît
souvent par la faute du chef, lorsque l'inférieur, se
sentant atteint par quelque procédé blessant, soit
dans la considération de son grade, soit dans sa dignité personnelle, éprouve le besoin de se défendre
et n'a plus la force de continuer à observer, par devoir, la solidarité qu'il juge reniée par le supérieur.

Le plus souvent, elle n'est autre chose qu'une
révolte personnelle inconsciente contre les devoirs

journaliers. Le devoir a ses exigences dures, mais son autorité est souveraine ; en la reniant, on se déshonore ; c'est alors au chef chargé d'en imposer au besoin l'observation qu'on s'en prend, et, comme il ne saurait en définitive être parfait, rien n'est plus aisé que de mettre en relief ses erreurs ou ses fautes. *Casser du sucre* sur le dos du chef, c'est le plaisir des dieux, la revanche de la personnalité souffrante qui n'accepte pas le devoir commun et qu'il a fallu y ployer. On croit se venger ainsi comme d'un dommage personnel, d'un exercice long et ennuyeux, d'une marche exécutée par la pluie battante, d'un rappel à l'ordre désagréable...

En général, cela n'est qu'une boutade sans importance, qui ne vise pas à diminuer la considération du chef. C'est la réalisation journalière du dessin de Raffet : « Ils grognaient, mais le suivaient toujours. » — Il y a cependant là, en chacun de nous, une tendance qu'il faut surveiller, parce qu'elle est à la fois très humaine, très vivace et assez dangereuse. — Passe pour un mouvement d'humeur qui se donne carrière en dehors du service ; c'est une soupape qui s'ouvre ; on n'en sera que plus calme tout à l'heure dans le rang ; mais il y a des limites morales à ne jamais dépasser ; puis il ne faut pas que cela devienne une habitude, *un état d'âme.*

On ne peut songer, sans doute, à empêcher des camarades de même grade de se communiquer librement entre eux ce qu'ils pensent, en bien ou en mal, de leurs chefs ; mais, même dans ces conditions d'expansion intime, la critique ne saurait décemment se tourner en un dénigrement *hostile*. Si vous sentez en vous une pointe d'hostilité, une tendance à diminuer le chef ou à prendre position *contre lui,* vous avez dépassé la mesure permise, l'acte devient grave et il est temps de vous arrêter. Vous êtes sur le point de trahir le devoir de votre charge ; la collaboration qu'il est de votre honneur de donner toujours et partout à l'œuvre commune ne va plus être très sûre. Si vous vous abandonnez tout à fait à ces tendances déplorables, vous manquez d'abord de cœur et d'intelligence, car ces rancunes sournoises et persistantes sont le propre des âmes viles, mais vous agissez aussi au rebours de vos obligations professionnelles, vous allez à l'encontre du devoir que vous feignez de respecter, vous n'êtes plus qu'un *faux officier*.

Il est rare que les choses en viennent là et que la déchéance soit aussi complète, mais les faiblesses qu'on a trop souvent occasion de relever dans cet ordre d'idées montrent que nous n'avons pas une conception tout à fait nette de notre caractère d'officier.

De jeunes officiers s'imaginent parfois ne pas trop mal agir en affublant entre eux d'un sobriquet un supérieur dont ils ont su saisir quelque défaut ou quelque faiblesse.

Le procédé cependant, quand on y réfléchit, manque de dignité. De la part de collégiens qui ont pris un de leurs maîtres en grippe, cela se comprend du moins, parce qu'on ne voit généralement pas là de solidarité morale en cause, mais l'emploi d'un sobriquet pour désigner un chef militaire est l'affectation d'un manque de respect journellement répété, définitivement admis comme chose sans conséquence ; cela dénote un état d'âme regrettable, une inconscience évidente de la dignité de l'uniforme. C'est un manquement persistant à la solidarité, une sorte de déloyauté professionnelle. C'est d'ailleurs une atteinte réelle à l'autorité du chef, un outrage dissimulé au commandement.

La subordination loyale exige aussi qu'on ne cherche pas à prendre contre son supérieur immédiat un point d'appui dans la bienveillance d'un chef de rang plus élevé. Il faut donner sincèrement son obéissance au chef direct, parce qu'on la lui doit, et il y a un excès d'habileté à chercher à faire exercer des pressions sur lui quand on le peut, ou à faire échec à son autorité, en lui en opposant une plus puissante.

On commettrait une faute plus grave encore en cherchant à faire intervenir contre l'autorité d'un supérieur des influences civiles. Un acte de cette sorte est comme une trahison envers l'armée. On semble renier la discipline et on tend très réellement à la ruiner, en faisant prévaloir sur les principes de vie de l'organisme militaire des forces mauvaises.

Il faut que la loyauté de notre subordination soit indestructible, qu'elle reste vivace en dépit de tout, qu'elle se maintienne et s'affirme même en présence des erreurs ou des défaillances du chef, qui n'est qu'un homme comme nous.

L'épreuve la plus dure à supporter correctement est le reproche reçu en présence de la troupe. Tout souffre en nous, tout se révolte : l'amour-propre, la dignité personnelle et (chose plus légitime encore) le respect même et l'amour de la discipline, qui nous rendent intolérable de voir avilir publiquement en nos mains la part d'autorité qui nous est confiée. Si la réprimande est véritablement dure et offensante, les révoltes qu'elle excite dans une âme fière sont malaisées à contenir.

L'inférieur qui sait rester maître de lui-même a cependant le moyen de subir bien des chocs sans en être réellement diminué. S'il sait commander, il est assuré de conserver, malgré tout, le respect et la sympathie de sa troupe. S'il a la conscience de faire loyalement son devoir, il peut accepter sans humiliation aucune un rappel à l'ordre un peu aigre pour une erreur accidentelle. Il a le droit de penser en lui-même : « C'est vrai, je me suis trompé ; j'ai eu tort ; mais nul n'est infaillible ; je n'en suis pas

moins un bon officier méritant toute considération ;
je reconnais mon erreur ; j'accepte ce reproche avec
une soumission parfaite et c'est une affaire réglée ».

Ne récriminez pas en vous-même, à la dérobée.
Si vous avez eu tort, reconnaissez-le loyalement, en
disant militairement, d'une voix ferme : « C'est vrai,
je me suis trompé, j'aurais dû faire telle chose. »
Reconnaître hautement, sans humilité, une erreur,
c'est se montrer en pleine possession d'une force
assez solide pour n'avoir pas à redouter ces menues
épreuves. C'est se déclarer assez fort pour n'avoir
pas à dissimuler une faiblesse accidentelle. — Un
faux pas n'est pas une chute. — D'ailleurs, en agissant avec cette franchise, vous restez dans votre
rôle de collaborateur loyal ; vos paroles disent clairement au chef : « Votre autorité est incontestée.
J'ai simplement fait une fausse manœuvre ; vous qui
dirigez l'ensemble, vous me rappelez à l'ordre aussitôt, vous êtes dans votre rôle ; je rectifie immédiatement ma manière de faire, sans récrimination
vaine, et me voici dans la direction voulue. Il est
bien entendu que je n'ai pas cessé un instant d'être
dans le devoir ou que j'y rentre absolument. Votre
rappel à l'ordre et mon obéissance immédiate sont
des faits tout simples, des épisodes du devoir que
nous pratiquons en commun. » — Faite justement
et discrètement, acceptée franchement, une réprimande ne suspend pas un instant la solidarité du

chef et de l'inférieur. Souvent, la modération délicate de l'un et l'obéissance loyale de l'autre ne font qu'augmenter leur estime réciproque.

Une réprimande dure, imméritée et publique peut parfois nous échapper dans un moment d'irritation. Généralement, nous montrons alors, par notre attitude même, que nous agissons par colère et non par devoir. — Nous ne sommes tous que des hommes faibles et passionnés, parfois malades ; un semblable accident peut nous arriver. — Il est de nature à nous placer dans une posture fâcheuse.

L'inférieur doit, en effet, s'efforcer d'autant plus de conserver son sang-froid et de se maintenir, lui du moins, sur le terrain du devoir commun et de la solidarité professionnelle. S'il reste absolument calme et correct, il affirme par son attitude qu'il persiste à s'astreindre fermement à la pratique la plus exacte de la subordination, qu'au moment même où notre autorité affecte vis-à-vis de lui un aspect *hostile,* il refuse de prendre position contre nous et décline notre hostilité contraire au devoir commun. Nous risquons alors de nous trouver manifestement hors du devoir, hors de la discipline, en présence d'un subordonné qui s'y renferme et qui moralement *nous rappelle à l'ordre* par son attitude.

S'il nous est échappé un acte ou une parole hostile, rentrons au plus vite dans le devoir commun, qui ne tolère aucune sorte d'hostilité, et marquons

notre retour par une de ces franches paroles dites
à voix haute qui effacent tout sans diminuer personne.

Réfléchissons ensuite quelque peu et nous retrouverons encore à l'origine de notre faute l'éternel
défaut, la grande cause de faiblesse : nous avons
mêlé au commandement un mouvement de passion
personnelle et, brusquement, nous avons trouvé en
face de nous les obstacles les plus respectables, qu'il
nous était impossible de franchir sans indignité :
l'autorité *impersonnelle* du grade inférieur, la dignité *impersonnelle* de ses insignes, la discipline
intangible. C'est bien décidément toujours du même
côté qu'on verse. — Gare au danger !

La *vérité* est une des choses que nous devons
absolument à nos chefs. Comment pourrions-nous
prétendre faire œuvre de collaboration loyale, si,
dans le service, nous fournissons au commandement
des données mensongères ? Tout compte rendu
faux ou arrangé de façon à dissimuler la vérité doit
être châtié.

Même les menues adresses qu'on emploie, au
cours d'une revue ou d'une inspection, pour cacher
des lacunes ou dissimuler des faiblesses, sont blâma-
bles, et on ne peut nier qu'il serait autrement digne
et fier de se montrer tel qu'on est.

Je ne trouve pas mauvais qu'on s'efforce, un jour
de revue, d'avoir une tenue particulièrement soi-

gnée, une troupe plus belle, pour ainsi dire, qu'à
l'ordinaire. Il est entendu qu'en ces sortes de circonstances, chacun redouble d'efforts ; le chef ne
s'y trompe pas et nul n'a l'intention de le tromper.
Les convenances exigent qu'on s'efforce de le recevoir dignement et qu'on prenne la peine de changer
sa tenue de travail contre une autre irréprochable.

Mais lorsqu'un chef vient vérifier une situation,
lui présenter des comptes faux ; s'il vient vérifier
l'instruction, lui cacher qu'on est en retard ou qu'on
a négligé certaines choses : bref, chercher à l'égarer
dans l'exercice de sa fonction, c'est autre chose ;
c'est bien une déloyauté commise dans le service.

Il faut se défier de ces tendances. Elles proviennent souvent de ce que le chef se présente, non
comme un collaborateur dirigeant, mais comme un
homme chargé de relever les fautes et de les réprimer, de donner, comme on dit, des *tours de vis*
énergiques à la machine. Ou bien encore, il affecte
d'affirmer son autorité en traitant ses inférieurs avec
une brusquerie cassante. S'il annonce ainsi des intentions quasi hostiles, compressives et repressives,
les subalternes sont naturellement assez portés à se
défendre comme ils peuvent.

Il y a même chez eux, dans l'intérieur de l'unité
inspectée, une tendance à faire cause commune pour
tâcher de se tirer sans ennuis d'une épreuve incertaine. Les supérieurs donnent alors de très bonnes
notes à leurs subalternes, les inférieurs n'ont qu'à

se louer de leurs chefs ; le service ne laisse rien à désirer, la nourriture est excellente, la discipline parfaite...

Présentez-vous comme un grand juge chargé d'une mission répressive... vous voilà presque assuré de ne découvrir aucune faute et de trouver tout irréprochable. Si votre mission est réellement telle, les gens que vous inspectez sont des sortes d'accusés ; vous ne pouvez espérer qu'ils vous donnent sur leurs propres agissements des renseignements défavorables. Vous n'avez alors qu'un moyen sérieux d'agir, c'est de saisir partout autour de vous des preuves, des faits, et de procéder comme un juge d'instruction.

La mission normale d'un chef ou d'un inspecteur n'est pas de cet ordre. Nos inférieurs n'ont rien de commun avec des révoltés qu'il faut mater, ni avec des coupables qu'il s'agit de découvrir et de châtier ; ce sont en général de braves serviteurs tout disposés à faire leur métier. Tout comme nous-mêmes, ils cherchent à faire marcher la machine, et nous sommes là avant tout pour les aider dans leur tâche, en leur montrant en quoi ils ont pu se tromper et comment il faut s'y prendre.

Nous pouvons sans doute avoir parfois à relever une faute assez grave pour qu'un exemple soit nécessaire, mais, en général et *a priori,* nous sommes tenus de considérer nos inférieurs comme des hommes méritant notre confiance, capables de remplir

leurs fonctions et dignes de porter leurs insignes. Nous venons pour aviser avec eux aux moyens de remédier aux imperfections inévitables de l'œuvre commune. Il n'y a donc pas à les traiter comme des suspects.

Tout officier qui fait loyalement son service doit pouvoir nous montrer, sans aucune hésitation, au grand jour et dans ses moindres détails, l'unité qu'il commande. S'il nous signale de lui-même telle ou telle imperfection dans l'instruction, dans la discipline, etc., il agit en collaborateur loyal et nous donne une marque certaine de sa franchise et de sa confiance.

Commencer toujours par supposer, jusqu'à preuve du contraire, chez celui qui nous parle, la valeur nécessaire à sa fonction et la dignité morale qui convient à son grade est le premier élément de la courtoisie militaire, en même temps qu'une règle pratique de conduite excellente.

Ceci posé, il n'en est pas moins établi que toute tentative faite pour vous tromper doit être sérieusement relevée et appréciée. — Que le chef ait su ou non s'attirer sa confiance, l'inférieur n'est jamais excusable d'avoir manqué à la loyauté professionnelle.

IX

LA RÉPRESSION

La répression afflictive n'est pas la base de l'autorité. — L'officier doit être le chef moral de sa troupe. — La répression n'est qu'un moyen de force fait pour briser les refus de fonction. — Usage des procédés de répression.

Nos pouvoirs disciplinaires sont des moyens de répression, mais non des moyens d'éducation ou de commandement. Il faut savoir en user avec la plus grande exactitude. Parfois, si une faute est grave, si elle a l'aspect d'une résistance directe et volontaire au commandement, on doit accabler immédiatement, sur place, par une répression dure, l'inférieur coupable. Il cherche à détruire ou à arrêter l'organisme dont vous avez charge ; vous n'avez pas à perdre de temps ; vous saisissez dans la foule l'individu malfaisant et vous le terrassez aussitôt aux yeux de tous, de façon à arrêter net toute velléité d'opposition.

Dans ces cas graves, la répression est une obligation du commandement. Elle doit être pratiquée comme telle et présentée sous cet aspect. Il faut que vos inférieurs sentent bien que vous exercez le *devoir* de punir avec la rigueur indiscutable d'une

obligation morale, qu'ils sachent que, si une faute
le rend indispensable, rien ne vous arrêtera dans la
répression, rien, pas même l'affection qui s'établit
naturellement entre gens de grade différent colla-
borant à la même œuvre et subissant les mêmes
épreuves, pas même la pitié de l'homme pour son
semblable malheureux. La répression est une fonction du grade comme le commandement ; c'est son
caractère de devoir *impersonnel* qui lui donne son
autorité, qui interdit à la fois au supérieur d'y ap-
porter de la passion, à l'inférieur d'en conserver de
la rancune. Comment pourrait-on en vouloir à celui
qui punit uniquement parce qu'il est *obligé* de le
faire ?

Mais cette action brisante qu'il est parfois nécessaire de produire immédiatement, pour l'exemple,
n'est pas *un procédé de commandement*. Elle est
même, chaque fois qu'elle se produit, le signe d'une
insuffisance d'autorité. Il est clair que votre puissance n'est pas complète, puisque vous vous heur-
tez à des résistances qu'il vous faut briser violemment. — Je ne veux pas dire pour cela que vous
soyez en faute. Ces accidents peuvent arriver aux
meilleurs officiers ; mais il doit être entendu que,
dans une unité bien commandée, des situations
aussi graves ne sauraient être en effet que des accidents. Si, en pleine paix, alors que vous exercez
votre commandement dans les conditions les plus
simples, à loisir, sans avoir à demander à votre

troupe aucun effort extraordinaire ; si, dans cette situation tout à fait favorable où l'organisme militaire
doit fonctionner avec une aisance parfaite, vous en
êtes réduit à n'obtenir le service journalier qu'à
force de violences... *vous ne savez pas commander*
et vous serez *absolument impuissant* en campagne,
quand vos moyens de répression n'apparaîtront
plus que comme des épreuves assez douces en regard des durs sacrifices qu'il vous faudra obtenir.

La discipline de guerre, vous ne l'obtiendrez pas.
Votre marche ne sera que désordre, vos cantonne-
ments seront le théâtre de scènes de désobéissance,
d'ivresse et de brutalité ; tout vous échappera, le
ressort habituel de votre autorité étant brisé entre
vos mains (7).

Votre troupe affrontera quand même, je l'espère,
celle de toutes ces épreuves qui est précisément,
en apparence, la plus dure, celle du combat ; mais,
ce résultat sera atteint en dehors de vous ; vous n'y
serez pour rien ; il sera dû aux éléments de valeur
morale qui existent dans le cœur de nos populations, aux germes vivaces de courage et d'honneur
que votre système de compression morale ne sera
pas parvenu à détruire, *au sens du devoir national,*
à cette force incomparable que vous aurez méconn-
ue obstinément et qui restera **votre unique res-
source au moment critique. — On ne forme ni les
honnêtes gens par la crainte des gendarmes, ni les
braves soldats par la crainte des punitions.**

Si votre discipline n'est pas éducatrice, si elle
n'agit qu'à la façon d'un bâton toujours levé, quel
résultat de valeur en espérez-vous? Vos inférieurs
en tirent cette seule leçon, qu'il faut se cacher avec
soin pour faire les choses qui vous déplaisent.
Quant à l'homme puni, la peine afflictive qu'il se
voit infliger a-t-elle pour effet de le ramener à de
meilleurs sentiments et de faire de lui un bon soldat? — Non! par elle-même elle n'y suffit pas.
Bien plus, l'inférieur, s'il a quelque fierté, se raidit
contre vos violences autoritaires, il met son amour-
propre à ne pas s'en montrer abattu; son indiscipline prend à cette résistance énergique un faux air
de dignité; il s'en fait gloire et y persiste.

La base de votre autorité est ailleurs : il faut que
vous parveniez à être le *chef moral* de votre troupe.
Votre autorité doit se présenter non pas d'un air
menaçant, accompagnée de violences, mais fermement appuyée sur un principe moral indiscutable.
— La situation vraie est la suivante :

La nation met ses enfants entre vos mains pour
que vous leur appreniez à connaître et à pratiquer
cette partie du devoir civique qui est le devoir militaire. Si vous vous pénétrez de cette idée, tout devient simple et votre autorité va s'imposer avec une
évidence incontestable. En présence d'une faute,
votre première préoccupation sera de rappeler à
l'inférieur le devoir qu'il a méconnu. C'est au nom

du devoir respecté de tous que vous interviendrez ;
vous parlerez avec calme et fermeté, — comme il
convient à un éducateur, — appuyé par l'assentiment
tacite de votre troupe ; d'un mot, vous ferez sentir
au coupable que vous le tenez là en flagrant délit de
faute contre le devoir que vous avez mission d'enseigner et de faire observer, et l'inférieur restera hu-
milié et vaincu, ne trouvant de soutien ni en lui-
même, ni autour de lui. Il se sentira publiquement
jugé avec une autorité irrésistible, au nom d'un
principe incontestable. Si une répression matérielle
s'ajoute à cette atteinte morale, elle prend véritablement le caractère d'un châtiment, dont le principal effet est d'affirmer la gravité de la faute et la
déchéance momentanée du coupable.

Et comme il est visible que, loin d'agir en maître
brutal, vous punissez *par devoir*, en vue du devoir,
sans y faire intervenir aucune passion personnelle,
l'homme puni n'a même plus à qui se prendre, la
punition n'étant plus, à ses yeux, que la conséquence immédiate et moralement inévitable de sa
faute, simplement constatée et prononcée par le
chef, qui exerce parfois avec regret, avec pitié, cette
inéluctable obligation.

Ainsi la répression n'est pas un moyen normal
de commandement ; elle est faite en réalité pour
parer aux accidents, pour remettre en place et appliquer de nouveau à leur fonction ceux qui cherchent à s'en écarter, pour les éliminer au besoin

de l'organisme s'ils y deviennent des causes de trouble ou de malaise.

La répression est un *devoir* et non une prérogative.

L'esprit dans lequel doit s'exercer la répression disciplinaire est le même, en somme, que celui qui doit inspirer le commandement, et nous amène à formuler des observations analogues :

Voir dans le droit de punir un moyen de se donner de l'importance et d'affirmer à tous coups sa puissance personnelle, c'est se préparer les plus graves erreurs. — Que dire, par exemple, d'un chef qui augmente systématiquement toutes les punitions infligées par ses subalternes, ne voyant en cela qu'un moyen d'affirmer la supériorité de sa puissance, s'imaginant qu'il est, pour ainsi dire, de la dignité de son grade de punir fortement et qu'il y aurait pour lui une sorte de déchéance à laisser passer des punitions modérées, sans leur imposer au passage l'empreinte de sa force ? — La punition à ce compte devrait devenir de plus en plus terrifiante, à mesure qu'elle est soumise à l'appréciation des chefs supérieurs, et cela mènerait loin.

Au point de vue du devoir pur et simple, il est clair que la punition n'a rien à voir avec le grade plus ou moins élevé de celui qui la prononce ou l'apprécie ; elle doit être graduée d'après trois considérations qui sont : 1° la gravité de la faute ; 2° la valeur et les antécédents du coupable ; 3° la nécessité disciplinaire.

Qu'on nous permette d'appeler l'attention sur ce dernier point : dans une unité bien commandée, les punitions rares et exactement appliquées prennent une valeur toute spéciale. Telle faute, qu'on ne pourra réprimer ailleurs que par une punition déjà grave, sera suffisamment punie d'une réprimande brève, d'un simple signe de mécontentement du chef. Une troupe bien commandée accepte complètement le *gouvernement* de son chef, à qui elle reconnaît une autorité entière, non pas seulement au point de vue disciplinaire, mais au point de vue moral. Tout reproche porte à fond ; l'inférieur, accablé d'ailleurs par l'assentiment général de ses camarades, ne songe même pas à réagir, à protester... il se sent frappé ; il est puni.

Augmenter les punitions infligées par un bon officier, sous prétexte qu'elles vous semblent faibles, c'est en réalité intervenir d'une manière déplorable dans un système de discipline parfait et troubler le *gouvernement* d'une de vos unités.

Du reste, en principe, il convient de n'augmenter une punition que lorsque le chef qui a puni a appliqué le maximum de ses droits. C'est empiéter abusivement sur son commandement que de modifier dans un sens ou dans l'autre, sans raisons suffisantes et à première vue, ses procédés de répression. Vous le taxez de faiblesse et vous lui infligez

un blâme, en décidant, en fait, qu'il n'a pas su réprimer avec l'énergie voulue. S'il en est ainsi réelle-
lement, votre devoir serait de commencer par vous
occuper de cette faiblesse répréhensible et de donner à l'officier les conseils ou les enseignements
dont il a besoin.

Le fait de lever une punition est plus grave encore, parce qu'il constitue une atteinte directe à
l'autorité du subalterne et qu'il équivaut toujours à
un blâme.

Si cette mesure est nécessaire, le supérieur ne
doit pas oublier que le règlement l'oblige à faire
sentir à son subalterne l'erreur qu'il a commise. Il
n'est pas permis de lever purement et simplement
une punition, sans autre explication.

L'usage qui s'est établi, sans qu'aucune disposition réglementaire l'autorise, de lever toutes les punitions d'un corps dans certaines occasions, est détestable; il est en contradiction avec les principes
du droit de punir. Une punition ne peut être levée
d'autorité que si elle est imméritée ; tout ce que
vous pouvez faire, si vous désirez voir toutes les
punitions levées, c'est de prier *ceux qui ont puni*
de renoncer aux mesures répressives qu'ils pensent
pouvoir abandonner sans inconvénient.

On se fait sans doute, par ces sortes d'amnistie,
une popularité agréable, mais on fausse le fonctionnement de la machine. Pour peu que chacun s'ar-

roge ce droit à son échelon de commandement et le pratique volontiers, il arrive que le devoir de répression cesse d'être exercé par moments. Le colonel a levé les punitions un jour, pour marquer sa satisfaction d'une revue ou de quelque autre fait ; quelques jours après, le général de brigade fait de même, puis c'est le général-inspecteur, puis on solennise de la même façon la fête nationale, la fête du régiment... Que reste-t-il alors de ce *devoir* de répression qu'on semble considérer comme *malfaisant* et dont on suspend l'exercice à tout propos?

De plus, il importe que le supérieur ne soit jamais démuni du droit de punir, et il en est réellement privé lorsque l'inférieur sait qu'au rapport du lendemain toutes les punitions seront levées. Le chef est ainsi placé, vis-à-vis de quelques mauvais sujets, dans une situation intolérable. S'il réprime une faute, la répression est ridicule ; l'homme sait que la punition va être immédiatement annulée ; s'il ne punit pas, le mauvais soldat comprend très bien que c'est par impuissance, et il en rit.

Une levée générale des punitions n'est guère autre chose qu'une détestable leçon d'indiscipline, et cette large atteinte portée à l'exercice d'un devoir est rarement inspirée par des motifs élevés. Dans tous les cas, cette façon de témoigner sa satisfaction en distribuant des grâces inconscientes a quelque chose de choquant ; elle présente la personnalité du chef et *son bon plaisir* comme étant au-dessus de tout, au-dessus des règlements, au-dessus du devoir commun. Les chefs subalternes sentent que le supérieur leur retire subitement son appui, qu'il les désavoue pour une fantaisie, qu'il porte une atteinte injustifiée à l'une de leurs attributions organiques...

J'admets qu'un colonel désire voir les punitions levées dans certains cas, d'ailleurs rares. On doit souhaiter qu'un homme ne se trouve pas privé, par exemple, de prendre part à la fête de la nation, pour quelque peccadille. — Si un incendie, une inondation, une catastrophe quelconque, a donné à la troupe l'occasion de faire acte de courage, et que le chef de corps veuille affirmer la satisfaction générale — je dis la satisfaction *générale,* celle du régiment et non sa satisfaction *personnelle,* — je comprends qu'il souhaite voir tous ses hommes de la fête, à moins qu'ils n'en soient véritablement indignes. — Qu'il suspende alors les punitions sans les annuler, ou qu'il fasse appel à la bonne volonté et au cœur de ceux qui ont puni ; leurs prérogatives resteront sauves, il n'aura pas renié la collaboration qu'il leur doit, et le résultat n'en sera pas moins obtenu.

Le principe est d'ailleurs inscrit dans le règlement. Le supérieur ne lève pas la punition ; il la *fait lever* par celui qui a puni. Il la lui fait lever par l'appel qu'il adresse à son esprit de justice et de devoir. Il la lève d'autorité si, par extraordinaire, il a affaire à un officier sourd à ces sortes d'appels ou aveuglé par quelque emportement. Mais il ne peut que proposer de la lever, en raison de certaines circonstances, du moment qu'elle a été justement prononcée, chacun devant rester le maître responsable de la discipline de son unité, chacun devant conserver la plénitude de ses attributions.

Lever d'autorité, par l'exercice d'une sorte de droit de grâce imaginaire, des punitions méritées est un abus de pouvoir, un manquement déconcertant à la collaboration générale, une atteinte portée aux pouvoirs des subalternes et, par conséquent, *un acte d'indiscipline,* la discipline étant aussi obligatoire de haut en bas que de bas en haut.

DEUXIÈME PARTIE

SYNTHÈSE

L'ARMÉE. — LE COMMANDEMENT. — L'OFFICIER

DEUXIÈME PARTIE

SYNTHÈSE

L'armée. — Le commandement. — L'officier.

I

LA FONCTION DE L'ARMÉE

L'organisme de la force nationale. — Le drapeau. — Devoir,
responsabilité, moralité et honneur de l'armée.

Nous avons procédé jusqu'ici par observation et
par analyse. Nous avons envisagé des unités qui
fonctionnent bien, qui sont visiblement aptes au
service de guerre ; d'autres qui fonctionnent mal et
qui semblent moins solides. Nous avons cherché
les causes des qualités des unes et des défauts des
autres.

Les premiers principes du commandement, ob-
servés par certains, méconnus par d'autres, nous
sont alors apparus :

Le commandement est l'exercice d'un devoir ; il

est impersonnel, il est moral, il est loyal. Son ressort est l'esprit de devoir du chef. La base de son autorité est le sentiment du devoir national collectif. Il est organique et non tyrannique. Il s'exerce par la collaboration dévouée des individus et non par la contrainte. Le commandement et l'obéissance sont des attributs de dignité égale, les deux termes corrélatifs de la collaboration du supérieur et de l'inférieur dans le devoir commun. — L'abnégation personnelle est la première qualité du chef aussi bien que du subalterne.

Tels sont les principaux traits que nous avons successivement entrevus. Il nous faut maintenant les grouper de façon à en tirer une idée d'ensemble du commandement ; il nous faut en même temps replacer par la pensée le chef militaire dans son milieu, dans la nation et dans l'armée, car on ne voit jamais bien une chose qu'à sa place dans l'ensemble auquel elle se relie.

Une nation est une collectivité humaine douée de personnalité, c'est-à-dire ayant une vie collective propre et étant susceptible de penser et d'agir en tant que collectivité.

Les nations les plus avancées en civilisation et appartenant à des races généreuses peuvent s'élever jusqu'à la personnalité *morale* collective. Dans l'état actuel de la civilisation, les nations ne connaissent presque toutes que la force ou la ruse ; elles ne comprennent pas encore que leur *honneur* dépend de leur loyauté, de leur humanité, de leur équité, de leur modération.

Les nations les plus humaines aussi bien que les plus barbares ont, dans tous les cas, absolument besoin de la force.

L'organe de la force dans le corps national s'appelle l'*armée*. L'armée a donc pour fonction organique de préserver l'existence de la nation et de mettre la force au service de ses œuvres.

Les œuvres des nations morales sont morales, c'est-à-dire qu'elles tendent à la justice et à l'humanité. Quant aux peuples restés à l'état brutal, ils ne connaissent que la satisfaction de leurs appétits et c'est à cela qu'ils emploient leur armée.

La satisfaction la plus grande d'un parvenu grossier est l'abus de la force, la tyrannie. Pour une nation parvenue à la puissance matérielle, mais restée à un échelon inférieur de moralité collective (8), la satisfaction la plus grande, — qu'elle appelle la gloire, — est aussi l'abus de la force, l'abus de l'armée, le démembrement ou l'humiliation des nations voisines, le plaisir de montrer sa vigueur en s'annexant violemment des populations, en les privant de la patrie qu'elles aiment et en les tenant ployées sous le joug. Plus l'œuvre est anti-humaine — c'est-à-dire immorale et déshonorante, — plus elle semble glorieuse, parce qu'elle satisfait d'autant mieux, **par le déchaînement de ses brutalités, les instincts de la race.**

La nation peut donc employer sa force, c'est-à-dire son armée, aussi bien à des entreprises injustes et inhumaines qu'à des actions dignes et morales.

Mais, dans ces entreprises morales ou non, l'armée n'est chargée *que de l'acte de force*. Elle n'a pas à savoir si les organes de direction s'acquittent mal de leurs fonctions et engagent la nation dans des entreprises injustes. Elle n'apparaît qu'au moment où la lutte est déclarée ; elle n'agit que pendant cette lutte et pour cette lutte, alors que toute discussion est close et qu'il y va de la vie. Elle n'a donc qu'à s'acquitter de sa fonction d'organisme de force le plus parfaitement possible, et son honneur, sa loi morale, consistent à tout faire pour briser l'adversaire et l'obliger à crier merci.

A ce moment le rôle de l'armée est terminé. C'est à l'organisme de direction qu'il appartient d'user de la victoire avec justice et modération, ou d'en abuser pour donner satisfaction aux appétits de la nation, si la nation est brutale.

L'armée n'est responsable ni de l'honorabilité des mobiles qui font engager la lutte, ni de la justice et de l'humanité des conditions que le vainqueur impose au vaincu. Elle sortirait de son rôle, elle empiéterait sur d'autres fonctions, **elle se substituerait à l'organisme de direction et causerait dans la na-**

tion les plus graves désordres, si elle prétendait se faire juge des intentions de la nation et de l'opportunité de la lutte.

C'est l'organe de direction qui croise les épées ; c'est lui aussi qui fait cesser le combat. Le fer une fois engagé, l'honneur de l'armée consiste à s'en servir avec vigueur, adresse et courage, dans un esprit de dévouement absolu à la nation. A ces conditions, son honneur propre reste sauf, même si la lutte est injuste ou si la nation donne à la victoire des suites inhumaines. Si l'entreprise est injuste, l'énergie apportée par l'armée à l'acte de lutte reste propre à relever, de ce côté du moins, l'honneur national (9). Un barbare, qu'on dédaigne et qu'on plaint pour son infériorité humaine, peut nous inspirer un moment d'estime par quelque acte de bravoure.

Matériellement, la nation n'est qu'une somme disparate d'individus. Son unité et sa personnalité sont d'essence morale ; elles résultent de ce fait que les foules y suivent ensemble la même marche historique, y subissent la même évolution et se dévouent avec amour à ce qu'elles conçoivent comme devant être la fonction particulière de la nation dans l'humanité.

La nation n'étant, au point de vue matériel, qu'une somme d'individus dispersés sur une grande étendue de territoire, ne peut se montrer une et entière en un même point. Au moral, elle est immatérielle et ne peut davantage se manifester aux yeux.

C'est en raison de ces impossibilités qu'elle s'est donné un signe matériel personnel et qu'elle se déclare présente là où elle le fait paraître. Elle s'empare d'un territoire en y plantant *son drapeau ;* elle l'abandonne en en retirant son drapeau. Elle déclare prendre à son compte les honneurs qu'on rend ou les insultes qu'on adresse au drapeau. Elle le fait flotter auprès des gens qui la représentent à l'étranger, affirmant par là que c'est à elle qu'on s'adresse quand on leur parle et qu'on ne peut les toucher sans l'atteindre. Elle le remet aux troupes pour conférer ostensiblement à son armée le caractère de son mandataire, délégué à l'acte de lutte ; enfin, elle dresse ses couleurs en face de l'ennemi, parce qu'elle veut se montrer, exposer quelque chose d'elle-même aux attaques, offrir matériellement prise aux efforts de l'adversaire. La nation, être collectif moral, n'entend pas rester dissimulée et insaisissable dans la foule de ses troupes ; elle s'engage personnellement dans la lutte en y déployant le signe de sa puissance.

L'armée qui rend ou abat son drapeau reconnaît par là que la volonté nationale est brisée entre ses mains trop faibles et se remet à la merci de l'adversaire (10).

Pendant la lutte, l'armée n'a plus *vis-à-vis de l'adversaire* aucune obligation. Les obligations qui lui restent dérivent de son honneur propre et elle en est seule juge. Ce n'est pas par égard pour l'adversaire qu'au cours d'une guerre on épargne les femmes, les enfants, les hommes désarmés, qu'on ne vole pas ; c'est parce que ces actes sont contraires à notre honneur et c'est uniquement par respect pour nous-mêmes que nous ne les commettons pas.

Que la nation soit juste, noble, modérée, humaine, qu'elle soit au contraire injuste, vile, avide, barbare, il n'en faut pas moins que son organisme de force fonctionne, le cas échéant, avec la dernière énergie, attendu que c'est là sa raison d'être, son rôle naturel, *sa loi,* la condition essentielle d'existence qu'il a charge d'assurer dans le corps national.

Ceci revient à dire que la fonction de l'armée est pour elle un *devoir* absolu envers la nation, dans tous les cas possibles (11).

La loi morale de l'armée au cours de l'acte de force est *l'honneur militaire* collectif. C'est le sens de l'honneur qui est l'élément secret de la force de l'armée ; l'armée est forte par l'estime qu'elle s'inspire à elle-même, par la conscience qu'elle a d'être prête à fournir sûrement tous les efforts nécessaires à l'exercice de sa fonction nationale. Les sentiments qui lui inspirent cette assurance parfaite sont : 1° le dévouement absolu à la nation ; 2° le courage ; 3° le

respect de soi-même, qui se manifeste par divers
actes, tels que la loyauté, la probité, la modération,
la clémence envers l'adversaire vaincu. — C'est de
ces éléments qu'est fait l'honneur militaire, *la seule
loi morale* qu'admette l'emploi de la force.

II

L'ORGANISME MILITAIRE

Structure organique de l'armée. — Hiérarchie, subordination,
discipline. — Le commandement et l'obéissance.

L'armée fonctionne par la coopération active de
tous ses éléments collectifs et individuels. C'est en
cette sorte d'activité vouée au fonctionnement de
l'organisme militaire national que consiste le *devoir
pratique commun*, le devoir *professionnel*.

C'est l'esprit de devoir qui, dans une armée saine,
détermine le fonctionnement de l'armée. L'esprit de
devoir dérive de la notion même du devoir idéal,
les idées hautes faisant naître dans l'âme humaine,
par leur seule beauté, le désir passionné de les réaliser.

C'est sous cet aspect que se révèle aux hommes
placés à la tête de l'armée la fonction militaire. Mais
la notion idéale du devoir n'a une action utile sur la
masse qu'à deux conditions : 1º à la condition que
la masse soit organisée de façon à se prêter aux

transmissions d'idées et d'impulsions nécessaires ;
2° à la condition que, cette structure organique une
fois créée, l'idée pure du devoir soit exprimée sous
une forme *positive* appropriée à l'esprit et à la constitution matérielle de l'armée.

L'organisation par laquelle la masse se trouve
mise en état de passer du devoir idéal à l'action est
le système de la *hiérarchie,* dont le fonctionnement
repose sur le *principe de la subordination.*

Le devoir idéal présenté sous une forme appropriée à l'organisme de l'armée est *la discipline.*

Le concept idéal du devoir national a bien par
lui-même assez d'attirance pour déterminer notre
dévouement, mais il faut des dispositions spéciales
pour rendre possible le passage de l'idée à ses diverses applications actives. La mise en œuvre de
l'idée du devoir militaire national est en effet confiée
à une énorme collectivité et toute action collective
suppose une organisation. Il faut de plus que l'idée
pure se présente sous une forme pratique accessible
aux masses. Le sentiment du devoir commun ne
serait qu'une force à l'état latent, vague et diffuse,
absolument inefficace, s'il ne s'accommodait pas à
ces deux conditions.

La discipline n'est pas autre chose que le devoir
idéal rendu pratique, introduit dans l'organisme de
l'armée sous la forme hiérarchique nécessaire, dé-
veloppé en règles positives à l'usage des masses et
garanti par des sanctions.

L'officier reste tenu de savoir discerner, au delà des règles disciplinaires, le principe idéal dont elles ne sont qu'une expression approximative. Il doit être en état de régler directement ses actions d'après ce principe.

Hiérarchie et *subordination* sont deux termes à peu près synonymes. La *hiérarchie* est l'organisation formelle de l'armée, le tableau de la structure de l'organe, qui présente aux yeux le système de transmission avec ses ramifications de plus en plus petites. La *subordination* est le principe qui assure la transmission.

Ces deux choses, hiérarchie et subordination, sont donc solidaires. Nous ne les séparerons pas et nous dirons que l'organisation militaire a pour principe la *subordination hiérarchique*.

La subordination résulte de l'autorité du supérieur hiérarchique, ou — ce qui est identiquement la même chose — de la soumission de l'inférieur hiérarchique. L'autorité de l'un est faite de la soumission de l'autre et inversement. La subordination est en nous l'autorité, quand nous avons affaire à nos inférieurs; elle est la soumission quand nous nous tournons de l'autre côté, du côté de nos supérieurs. Tout acte hiérarchique est un fait de subordination qui s'appelle à la fois commandement et obéissance pour l'élément qu'il touche : obéissance quand il y parvient, commandement quand il en repart avec une nouvelle impulsion.

Ainsi, pour résumer les observations que nous venons de faire et pour montrer l'enchaînement des idées, le rôle de l'armée peut s'exposer de la manière suivante :

La nation est un être organique collectif doué de personnalité et non une somme d'individus.

Dans le corps national, qui existe par le fonctionnement de plusieurs organes, l'organe chargé de la lutte s'appelle l'armée. La fonction de lutte, étant essentielle pour la nation, a pour l'armée et pour chacun des éléments personnels de l'armée le caractère d'un devoir absolu. L'armée n'est responsable que de l'action de lutte proprement dite et non des mobiles ou des suites de la lutte. La lutte a pour effet de la dégager de toute obligation vis-à-vis de l'adversaire. La seule loi morale qui lui reste pendant la lutte est son propre honneur, l'honneur militaire.

A l'état de masse inorganique, l'armée serait impropre à toute fonction. Elle est organique. Son organisation est de structure hiérarchique : l'autorité est répartie et la fonction subdivisée du centre à la circonférence en rameaux subordonnés de plus en plus petits.

C'est aux extrémités que se trouvent les masses militaires pénétrées par les derniers rameaux, masses qui doivent produire l'acte de force.

A chaque embranchement, un des éléments de l'organisme hiérarchique fonctionne en exerçant les impulsions voulues dans les rameaux subordonnés, soit de lui-même, par l'intelligence qu'il a de la fonction, soit par suite de l'impulsion qu'il a lui-même reçue. Si les éléments subordonnés n'ont qu'une valeur insuffisante, la fonction ne marche que grâce à l'intervention continuelle de l'élément supérieur ; elle marche mal et l'insuffisance des subalternes ne fait que s'accroître. Les meilleurs éléments individuels, ceux qui ont une notion assez parfaite de la fonction pour l'assurer presque entièrement par eux-mêmes, dégénèrent et deviennent impuissants lorsque les éléments supérieurs les réduisent par leur intervention continuelle aux seuls actes de transmission.

Le commandement s'exerce dans le sens de la fonction, et il est alors sain, lorsqu'il agit sous l'inspiration du devoir commun. Il va à l'encontre de la fonction, la trouble et la fausse, lorsqu'il agit sous une autre inspiration. Ce fait se produit surtout lorsque le chef, sortant de son impersonnalité, détermine l'action dans le sens de sa propre satisfaction.

Le commandement est en somme la détermination de l'action fonctionnelle dans l'ensemble hiérarchisé de l'armée.

Sortons maintenant de ce style imagé que nous n'avons pu nous dispenser d'employer jusqu'ici.

L'armée a pour raison d'être et pour fonction

nationale l'acte de force, la guerre. Sa fonction est
pour elle un devoir absolu. Elle ne pourrait y manquer sans renier et trahir la nation. Assurer la fonction de l'armée est le devoir de chacun de nous, dans
l'étendue de ses attributions. Ce devoir en action
est un *commandement,* par suite de la structure hiérarchique de l'armée ; il est, pour la même raison, si
on le considère dans un autre sens, une *obéissance.*
Enfin, il est aussi et surtout l'*action* immédiate,
personnelle et spontanée de chacun d'entre nous
dans le sens de la fonction. L'action spontanée, le
commandement, l'obéissance doivent être des manifestations de l'esprit de devoir. Ces manifestations, inégales dans leurs conséquences, dans leur
portée, sont identiques dans leur origine, leur nature et leur *dignité.* Savoir agir, savoir obéir, savoir commander, sont des éléments de capacité
également indispensables en tous les points de la
hiérarchie. Agir, obéir, commander, c'est toujours, en définitive, *fonctionner* à notre place organique.

La fonction générale de l'armée s'exerce dans
son ensemble, en se subdivisant en une foule de
fonctions collectives ou individuelles. Cette part de
la fonction générale qui nous revient, et dont l'étendue est proportionnée à notre grade, constitue notre
fonction individuelle. L'exercice de notre fonction a
pour nous, par suite de sa connexion avec la fonction générale de l'armée, le caractère d'une obliga-

tion morale qui se manifeste sous deux aspects principaux : 1° sous l'aspect de l'obligation de commander ; 2° sous l'aspect de l'obligation d'obéir.

Le commandement et l'obéissance sont des manifestations en réalité presque identiques de notre devoir professionnel. Tel officier qui vient de donner un ordre serait parfois dans l'impossibilité de dire s'il s'est déterminé d'après des ordres antérieurs plus élevés ou si l'ordre qu'il a donné dérive de sa propre initiative, sous l'inspiration des principes généraux du service. Disons, si l'on veut, que commander c'est agir sous l'inspiration directe des principes et qu'obéir c'est agir sous l'inspiration des mêmes principes interprétés par la voix d'un chef. La différence est à peine sensible tant que l'on considère chacun de ces deux actes en soi, dans sa nature essentielle ; elle ne s'accentue que dans l'application à des cas concrets, le chef ayant le droit évident et le devoir de faire prévaloir son interprétation personnelle des principes généraux qui règlent la conduite de tous. Il devra toutefois se maintenir dans les limites de sa fonction organique et se garder d'usurper celle de son inférieur.

On a l'obligation d'obéir et l'obligation non moins stricte de commander, ces deux actes corrélatifs étant également indispensables au fonctionnement de l'organisme militaire. Reculer, par suite de quelque préoccupation personnelle, devant un acte de commandement inhérent à notre fonction est aussi peu glorieux que d'esquiver un acte d'obéissance.

La *subordination,* telle qu'elle est du reste définie dans notre règlement sur le service intérieur, n'est pas que l'obéissance ; elle est la règle de la collaboration du supérieur et de l'inférieur, la *coordination* hiérarchisée des devoirs particuliers résultant du devoir commun, aussi bien dans le sens descendant que dans l'autre. Adresser, par exemple, un propos outrageant à un subalterne est une faute contre la subordination, aussi bien au point de vue logique qu'aux termes du règlement, car lorsqu'une atteinte est portée à l'autorité du grade (et, par suite, à l'exercice de la fonction), qu'elle vienne d'en haut ou d'en bas, le résultat est le même.

La terminologie d'usage ne doit pas nous faire illusion. Le chef et le subordonné sont qualifiés *le supérieur* et *l'inférieur* parce que la hiérarchie est comparée à une échelle qu'on monte en avançant en grade. L'image peut être assez commode à employer quand il s'agit d'avancement ; elle devient fausse dès qu'on veut se représenter une organisation ramifiée hiérarchiquement.

L'infatuation personnelle étant le plus redoutable ennemi du devoir militaire, il importe beaucoup de ne pas oublier que nos *inférieurs* ne sont pas *des êtres inférieurs,* que chacun obéit en commandant ou commande en obéissant, que notre valeur se mesure non à notre fonction, mais à notre manière de la remplir, que l'obéissance est parfois de valeur supérieure au commandement, attendu que tout cela, obéissance, commandement, soumission, autorité, c'est une même fonction sous des aspects à peine différents.

———

III

LES FORCES DE L'ORGANISME

L'armée est un organisme vivant. — Elle porte en elle-même, dans toute l'étendue de sa masse, ses sources de force. — Les forces vitales : l'esprit militaire, l'esprit de corps et, par-dessus tout, la discipline et l'honneur.

L'armée n'est pas une machine, mais un organisme vivant. Son fonctionnement ne saurait être le fait d'une sorte d'engrenage actionné par un moteur unique. Une machine qui transmet son mouvement de proche en proche, par des engrenages, à des rouages de plus en plus nombreux et de plus en plus petits, ne produit, en définitive, en aucun endroit de son mécanisme, autre chose qu'un mouvement aveugle, résultant de la transformation du mouvement initial.

Dans une armée vivante, l'organe central peut bien transmettre aux extrémités des impulsions déterminantes, des ordres ; il ne transmet pas de force. Toutes les forces de l'armée sont sur place en tous les points du corps militaire. C'est sur place que se trouvent la vie, la discipline et tous les éléments de l'action. Rien de tout cela ne vient du centre, et on perdrait son temps à en attendre quoi que ce soit de semblable. Ce qui vient du centre, ce sont des transmissions déterminantes, des directives, des ordres, des expressions de commandement qui peuvent bien faire entrer en jeu les forces de l'armée, mais qui ne font que les éveiller sur place, aux points où elles existent en permanence dans l'organisme, sans jamais les y amener.

Une armée n'est pas vivante quand l'action y résulte entièrement de transmissions venues du centre : elle peut fonctionner alors comme une machine, avec une régularité aveugle, tant qu'elle se trouve dans les conditions normales du pied de paix ; elle est impropre au service de guerre, si elle n'est pas animée en tout temps et pénétrée dans toute sa masse des énergies propres qui sont : l'initiative, l'activité intellectuelle et morale, l'honneur individuel et corporatif, la fierté professionnelle et la fierté du grade, et surtout la conscience du devoir commun. — Voilà les forces, les *énergies* qu'il faut bien se garder de confondre avec les *transmissions* hiérarchiques, avec les dispositions ou dispositifs, avec les expressions et les formes du commandement.

Il faut aussi distinguer clairement ces forces de la répression, qui est chose bien différente, au moins dans son objet. La répression n'a pas pour but de déterminer l'action et d'assurer le fonctionnement de l'organisme militaire, ou du moins elle n'y concourt que d'une manière indirecte. Son rôle est de remettre en place, ou au besoin de détruire et d'éliminer les éléments individuels qui, *s'étant placés hors de fonction*, sont devenus dans l'organisme autant de choses inertes et nuisibles. Chercher à appliquer la répression à des organes sains est une faute.

La vie et l'énergie de l'armée résultent de la collaboration organique de toutes les forces militaires ou corporatives. Normalement, cette collaboration est déterminée sur place, à tous les degrés de la hiérarchie, par la conscience parfaite du devoir commun.

Voilà ce qui fait l'armée vivante, saine et robuste.

L'organisation matérielle, la hiérarchie, la direction tactique et stratégique s'appliquent ensuite à l'armée vivante pour régler la mise en œuvre de ses forces, mais ne sauraient créer ces forces morales d'action qui sont inhérentes à la masse. Dans une armée démoralisée, l'organisation n'est qu'une forme fragile ; la stratégie, la tactique ne trouvent plus où se prendre, faute des énergies morales qui seules ont la puissance d'action ; le commandement n'existe plus que comme une machinerie incertaine qui se disloque au premier choc ; tout dévie, se fausse ou se perd dans l'incurie, l'inertie, l'égoïsme et les appétits individuels.

Tout cela : commandement, obéissance, subordination, qu'est-ce donc autre chose que le fonctionnement de chacun de nous, à sa place dans l'organisme général, sous l'impulsion du devoir militaire ? Rien ne saurait être plus normal, plus simple, et on se trompe lorsqu'on y attache l'idée d'une œuvre de compression, de répression des inférieurs par leurs chefs.

Inversement, les inférieurs se trompent aussi lorsqu'ils s'imaginent que le service se réduit à attendre l'impulsion autoritaire du chef et à y obéir.

Le principe d'action est présent partout, sur place, en nous-mêmes : c'est la conscience de la part de devoirs et d'attributions qui revient à chacun de nous dans l'œuvre commune.

Il est des cas, sans doute, où il faut qu'une volonté partie d'en haut produise subitement, en tel ou tel point de l'armée, un acte nettement déterminé. Il semble alors qu'il n'y a, dans l'acte de commandement hiérarchique, qu'une simple opération de transmission. La volonté du chef paraît courir dans la filière hiérarchique comme dans un fil électrique et, arrivée au bout, elle produit son effet. — C'est là une pure illusion.

En réalité, la volonté venue d'en haut éveille sur son passage les forces toujours prêtes de l'organisme ; au point d'arrivée, c'est encore la force locale inhérente à ce point, la conscience du devoir commun, qui agit sur les volontés individuelles et appelle les intelligences à l'action dans le sens indiqué.

C'est, avant tout, le corps des officiers de l'armée qui constitue ce réservoir de force vitale, toujours prête en tous les points de l'organisme. Ce sont les corps d'officiers des divers régiments qui sont les *foyers de vie* de l'armée, ce sont les officiers, individuellement, qui ont pour mission de pénétrer la masse et d'agir sur elle dans le sens du devoir général, dont ils sont les représentants et les maîtres autorisés. C'est de la valeur des corps d'officiers, de leur cohésion, de leur conscience parfaite du devoir, que dépend la force vitale de l'armée, celle qui est toujours là, prête à faire face instantanément à tous les besoins et à parer à tous les accidents.

La transmission hiérarchique la plus parfaite des instructions et des ordres venus d'en haut est impuissante à produire cette force vitale, faite d'intelligence, d'initiative et surtout de dévouement, qui doit exister partout, dans la chair et dans le sang de l'armée. C'est sur place, par l'activité intellectuelle et morale des corps d'officiers, qu'elle est créée et maintenue ; c'est en offrant à ces corps toutes les occasions et tous les moyens d'exercer ces sortes d'activité qu'on assure la solidité et l'énergie du commandement.

Ces activités se retrouvent d'ailleurs sur le champ

de bataille ; on peut même dire que sous le feu elles constituent l'essence même du commandement.

Songez à quoi se trouve réduite la poussée hiérarchique venue de haut, quand elle se diffuse sur des masses d'hommes dispersés, en désordre, surexcités par la lutte et décimés par les balles ! Comment peut-on d'ailleurs compter sur la transmission de cette action descendante alors que de tous côtés les chefs manquent, abattus par le feu ? Qui oserait, dans ces scènes tumultueuses, se charger de tout diriger de haut, de parer à tout, à coups d'ordres lancés dans toutes les directions ?

La seule chose qui puisse agir efficacement sur le mélange confus d'hommes et d'unités emportés par le combat, ce sont les énergies locales répandues au sein même de cette masse, les gradés et surtout les officiers.

L'officier est, dans ces moments critiques, l'homme qui sait toujours où est le devoir commun et qui est là pour le montrer.

D'une manière plus générale, dans toutes les circonstances de guerre, il faut que les actions et réactions nécessaires se produisent immédiatement, au contact de l'ennemi, par la seule énergie qui soit toujours là présente, et qui est la conscience parfaite, éclairée et active, du devoir de l'armée ; et, pour être sûr de trouver en temps de guerre ces énergies locales, il faut les développer et les faire agir en tout temps.

En résumé, dans le corps national, l'armée est l'organisme de guerre, celui qui a pour fonction de préparer les moyens de la lutte, de conserver les énergies nécessaires, de mettre à un moment donné la nation sur pied face à l'ennemi, prête au combat, et de diriger l'emploi de ses armes et de ses forces. Voilà le rôle organique de l'armée.

Et, si l'on réfléchit que la nation et l'armée ne sont pas seulement des organismes de vie, mais aussi des collectivités humaines — morales, par conséquent, — la fonction de l'armée se présente sous l'aspect nouveau d'une fonction d'ordre normal.

En dernière analyse, l'armée, que la nation tire de son sein, qu'elle crée et qu'elle maintient en vue d'une fonction donnée, a cette fonction pour unique raison d'être, pour *loi morale,* pour *devoir,* et ce devoir est absolument impérieux, puisqu'il n'est autre chose que l'obligation morale de préserver de la destruction l'*être national.*

Les individus qui font partie du corps de l'armée et qui en sont comme les atomes moraux et intelligents ont pour devoir la collaboration absolument dévouée dans le devoir commun, collaboration qui n'admet aucune sorte de compromission avec nos intérêts ou nos satisfactions personnelles.

Lorsqu'une armée est pénétrée tout entière du sens de la fonction militaire, au point que tous y concourent d'eux-mêmes, on dit qu'elle a l'*esprit militaire*. On dit la même chose d'une nation, lorsque les citoyens sont des collaborateurs volontaires pour l'armée, dont ils comprennent la fonction nationale.

C'est grâce à l'esprit militaire qu'une armée saine se trouve douée de vie et capable d'action. L'influence d'un organe central, si puissant qu'on l'imagine, ne suffirait pas à l'animer ; il faut que ses dernières molécules, les simples soldats, soient pénétrées de son esprit ; il faut que, même privée de tous ses chefs, une troupe reste propre à l'action, qu'elle s'y porte par l'impulsion des volontés concordantes et comme unifiées, sous l'influence de l'esprit dont elle est animée. — L'esprit militaire consiste précisément dans la diffusion des tendances intellectuelles et morales qui transforment nos individualités en éléments actifs de l'organisme total. Il se manifeste par l'action spontanée, par l'initiative.

L'esprit militaire ne saurait, bien entendu, suppléer au manque de direction ; il ne saurait tenir lieu du commandement. Le commandement est comme la volonté organisée de l'armée ; l'esprit militaire est comparable à ces forces obscures ou instinctives qui assurent constamment le jeu de nos organes sans que nous nous en doutions ; il tend **toutes les énergies élémentaires dans le sens de la** fonction. La troupe qui en est animée ne saurait donc se passer de chef ; il lui faut toujours une direction stratégique, tactique et morale, mais son instinct la pousse à l'exécution de la fonction, au combat, à l'acte de guerre. Si la situation est simple, si elle n'exige ni réflexion, ni science, ni combinaison, si le devoir est clair, et dans ce cas seulement, l'esprit militaire peut suffire à produire l'acte de guerre dans une compagnie ou un bataillon. Ces troupes courront d'elles-mêmes aux armes, feront face à une attaque ou se jetteront spontanément sur un détachement ennemi.

Dans les unités plus fortes, l'esprit militaire reste extrêmement précieux ; il est comme la vie morale journalière de l'armée. Mais il ne suffit plus, en aucun cas, à déterminer à lui seul l'acte de guerre ; l'intervention du commandement est indispensable pour assurer la collaboration des divers éléments.

Les troupes animées de l'esprit militaire, pénétrées de la conscience du devoir et du sens de la fonction, assurent, pour ainsi dire spontanément, la partie simple du service ; elles sentent la part de l'honneur commun qu'elles ont en charge ; elles gardent le drapeau, veillent à la sûreté de l'armée, chacun faisant son affaire personnelle de l'œuvre commune.

Un pareil esprit ne saurait se produire si le commandement, frappé de dégénérescence organique,

exige l'automatisme, refuse les coopérations volontaires, comprime les initiatives, suspecte les énergies et humilie les fiertés.

Le commandement tombe à ce degré d'incapacité
funeste et devient le fléau d'une armée, par suite
de diverses influences : des chefs ignorants, des
aventuriers, des hommes sans valeur morale, poussés aux plus hauts grades par un système d'avancement mauvais ou grâce à des guerres trop faciles,
sont naturellement disposés à se conduire en parvenus et à se donner du relief en rapetissant tout ce
qui les entoure. L'action autoritaire et compressive
est d'ailleurs une jouissance pour ces natures de
bas étage ; toute force, toute dignité leur est suspecte et leur semble hostile.

L'esprit militaire succombe aussi aux erreurs de
l'avancement, lorsque les grades sont donnés au sa-
voir-faire ou à la courtisanerie. Si, par exemple, les
officiers qui approchent les chefs de l'armée, qui
sont attachés à leur personne, à leurs états-majors,
à leurs bureaux, ou qui appartiennent à la maison
militaire du chef de l'État, sont assurés par ce seul
fait d'être poussés rapidement aux grades plus élevés, tous ces emplois avantageux se remplissent
d'intrigants égoïstes, faux et ambitieux, qui finissent par s'accumuler aux plus hauts échelons de la
hiérarchie. Incapables de comprendre et d'apprécier des sentiments qu'ils n'ont jamais ressentis,
moralement émasculés par une carrière qu'ils ont

faite quasi servile, ils répandent sur l'armée de détestables influences.

Enfin, si les chefs de l'armée se voient obligés d'avoir recours à des protecteurs politiques, pour avancer, ou d'afficher leur dévouement au parti qui détient le pouvoir, ce sont encore les caractères les moins dignes, les hommes les moins sûrs, qui parviennent à se placer à la tête de l'armée, et l'esprit de devoir national, l'esprit militaire, disparaît.

Il se peut aussi que l'esprit militaire se trouve déprimé par les lois et les règlements organiques de l'armée. Il arrive, par exemple, que le commandement se trouve transformé en une sorte d'administration. Les officiers généraux n'ont plus en réalité à commander des unités, qui parfois n'existent pas ou sont disséminées hors de leur portée, mais à diriger des bureaux, ou des états-majors qui ne sont guère autre chose. Réduits à ce service, uniquement occupés à appliquer des règlements administratifs dans leur forme et dans leur esprit, ils subissent forcément au moral l'influence de ces préoccupations journalières. On ne commande plus, à proprement parler, mais on *administre du commandement,* avec l'esprit comptable, les formes lentes, circonspectes et compliquées, en usage dans les services administratifs. L'énergie, l'esprit d'initiative et de dévouement, le courage, la valeur morale ne comptent plus ou semblent gênants, parce que ces forces **immatérielles ne sont pas administrables. La** *dégé-*

nérescence *administrative* de l'organisme militaire peut atteindre jusqu'à la tête de l'armée. Ce qu'on trouve alors au sommet de la hiérarchie, ce n'est plus un commandement militaire, c'est une *administration centrale,* qui ne sait plus que conserver et cataloguer les éléments matériels de l'armée et qui les pèse à leur valeur administrative et comptable.

L'esprit militaire se transforme naturellement plus ou moins, suivant la nature des éléments militaires individuels ou collectifs qui en sont pénétrés. Chez les individus, il subit l'influence de la tournure d'esprit, du caractère, de l'ampleur ou de l'étroitesse de l'intelligence. Il s'adapte surtout à la nature et à l'étendue de la fonction.

La fonction générale de l'armée se ramifie en fonctions partielles distribuées aux régiments, aux bataillons, aux compagnies ; elle se distingue aussi en fonctions spéciales attribuées aux diverses armes. L'esprit militaire se manifeste sous des formes plus ou moins différentes, plus ou moins complètes, dans ces subdivisions du corps militaire.

Lorsqu'une arme est profondément pénétrée du sens de sa fonction spéciale, passionnément dévouée à cette fonction, on dit qu'elle a l'*esprit d'arme.*

L'*esprit de corps,* c'est de même l'esprit militaire s'exerçant avec une intensité plus grande, dans l'étendue du domaine militaire du régiment.

L'esprit d'arme et l'esprit de corps développent

naturellement une solidarité plus grande entre les militaires de l'arme ou du corps, en leur donnant une perception plus nette de leur collaboration.

Les armes et les corps sont exposés, tout comme les individus, à une certaine infatuation qui vicie et fait dégénérer leur esprit. Ils veulent parader, être brillants, tenir de la place. Ces préoccupations malsaines altèrent en eux la conscience du devoir commun ; ils peuvent en venir à manquer à la collaboration générale, c'est-à-dire à nuire à la fonction de l'armée, faute d'abnégation. Les moyens d'action qu'on leur donne se tournent en avantages ; le service prend la forme d'une prérogative, les connaissances spéciales se présentent comme des supériorités, sous l'influence de la préoccupation qu'on a de mettre en vedette l'arme ou le corps auquel on appartient. Cette infatuation corporative dérive de notre tendance à l'infatuation individuelle, chacun prétendant bien avoir sa part des supériorités qu'il attribue à sa corporation. De pareils sentiments ne sont excusables que chez les hommes de troupe étroitement enfermés, au moral, dans leur unité tactique. Chez les officiers, qui sont tenus de comprendre l'unité morale de l'armée, ces illusions vaniteuses sont ridicules.

L'esprit de corps est utile et sain, lorsqu'il vise à faire du corps un serviteur aussi parfait que possible du devoir commun, à développer sa valeur militaire, à faire respecter sa dignité. Il s'exerce alors, à

l'intérieur du groupe, *dans le sens de la fonction générale de l'armée* et n'est autre chose en définitive
que l'esprit militaire appliqué avec une énergie spéciale au sous-organisme que nous sommes chargés
de faire fonctionner. — Dans une grande usine,
chaque contremaître s'attache à son atelier. Rien
n'est plus naturel.

L'esprit de corps est malsain quand il devient
particulariste, c'est-à-dire lorsque le groupe tend à
fonctionner pour lui-même, *en rompant avec la
fonction générale de l'armée,* lorsqu'il s'étend ou
se rehausse au détriment de l'ensemble.

L'esprit de corps est coupable lorsqu'il pousse
au refus de la collaboration. Il touche alors à la
trahison.

La *camaraderie* est encore une des formes de
l'esprit militaire. Nous nous devons assistance,
parce que nous collaborons à une même œuvre ; ce
dévouement assuré des uns aux autres fait naître
naturellement les sentiments de solidarité et de
sympathie utiles à la tâche commune. La camaraderie règne dans toute la masse de l'armée ; elle
existe entre les militaires des grades les plus différents, lorsqu'ils ont le cœur bien placé.

La camaraderie dégénère et devient malsaine
lorsqu'elle tend à satisfaire les intérêts individuels
aux dépens du service. Rien ne doit prévaloir contre
la fonction de l'armée. Cette fonction n'est assurée

que par une foule d'actions individuelles. Chacune
de ces actions prise séparément est de bien peu
d'importance dans son résultat immédiat, mais il
est toujours à craindre, si elle est malsaine, qu'elle
n'introduise dans l'organisme des germes de décom-
position (12). Il est donc grave, en réalité, de tenir
compte dans le service des relations personnelles
de camaraderie, de manquer plus ou moins à son
devoir strict pour éviter, par exemple, un ennui à
un camarade ou pour lui faire obtenir quelque faveur.

La *cohésion* des troupes dérive aussi de l'esprit
militaire. Les hommes se rendent compte que le
groupement organique de leurs forces individuelles
est une nouvelle force considérable ; ils comprennent la valeur de la collaboration de tous, constatent que cette collaboration est effective, qu'elle
fonctionne réellement, et y prennent confiance. Dès
lors, ils résistent aux causes de dissociation. Il n'y
a pas de cohésion dans une unité constituée avec
des hommes rassemblés à la hâte, de droite et de
gauche, qui ne se connaissent pas entre eux et ne
comptent pas les uns sur les autres. Une troupe
ainsi improvisée est un assemblage fragile, que les
officiers maintiennent à grand'peine et qui tend à
la dissociation, chacun ne comptant que sur lui-
même (13).

Ces forces principales se révèlent sous diverses

formes qu'il serait trop long d'étudier séparément : le respect de l'uniforme, du drapeau, du chef et les abnégations de toute nature devant les révoltes de l'amour-propre, devant les fatigues, devant le froid, la faim, les blessures et la mort.

Mais tout cet ensemble est dominé par deux vertus capitales : 1° la *discipline,* que j'ai étudiée et définie plus haut, l'indispensable lien du faisceau militaire ; 2° l'*honneur,* qui est au-dessus de tout, parce qu'il est l'essence même de l'être moral militaire.

La règle étroite de la subordination doit être respectée à tout prix, même dans l'usage mauvais que certains peuvent être tentés d'en faire, mais l'honneur a ses droits souverains. Si la fonction normale de l'armée ne se trouve pas faussée par quelque main perverse, l'autorité du chef ne peut, en aucun cas, se trouver en opposition avec l'honneur du subalterne. Cette fonction, que j'ai analysée précédemment, est d'une moralité absolue. C'est donc seulement lorsque le chef se met hors de cette fonction, lorsqu'il essaie, par un acte de véritable forfaiture, d'employer l'autorité de son grade à des œuvres mauvaises, c'est dans ce cas seulement que la subordination peut pousser à des actes déshonorants. Dès lors et en fait, l'autorité du chef a perdu sa base ; elle n'existe plus ; ce qu'il exige n'est plus du service ; il est hors du devoir commun, hors des limites de sa puissance, hors de la discipline vraie, et même en opposition avec elle. C'est de la justice humaine positive qu'il relève, comme un criminel qui a porté la main sur une institution sacrée.

L'honneur personnel, qui certes n'est pas spécial aux militaires, n'est autre chose en somme que l'expression directe de notre personnalité morale. Il y a des hommes d'honneur, c'est-à-dire d'une personnalité morale solide ; des hommes simplement sans honneur appréciable, et enfin des hommes de déshonneur, si j'ose m'exprimer ainsi.

L'honneur professionnel dérive de l'honneur personnel. C'est l'honneur personnel appliqué aux attributions de la fonction. L'honneur militaire individuel ou corporatif est l'affirmation souveraine de la valeur morale militaire du soldat ou du régiment. La fidélité à la nation et au drapeau, le courage, la discipline, sont les principaux éléments spéciaux de l'honneur militaire.

Les drapeaux, les insignes de grade, l'uniforme de l'armée, ont pour effet de signifier publiquement que le régiment, l'officier, le soldat sont dignes de leur fonction, que leur valeur morale militaire est sûre et doit être incontestée. On retire ces signes conventionnels tangibles de l'honneur militaire à ceux qui ont failli.

Les officiers, qui sont les maîtres du devoir commun, sont aussi les gardiens naturels de l'honneur corporatif.

Telles sont les véritables sources de vie et de force, *les énergies* de l'armée, *les vertus militaires.*

C'est sous l'influence de ces facteurs moraux que les officiers généraux placés à la tête de forces nationales se vouent à l'étude et à la préparation de la guerre, que les corps de troupe sont poussés à l'activité et au dévouement, que les pouvoirs publics s'efforcent d'accroître la valeur de l'armée, et que la nation entière se trouve prête au devoir.

Il n'est aucun machinisme qui puisse suppléer à cet état d'âme.

IV

L'OFFICIER

Le **caractère d'officier** : l'officier a charge d'un devoir civique ; il en
est le représentant et le maître. — Précautions à observer pour
tenir dignement ce rang. — Les corps d'officiers. — Leur rôle :
ils sont les foyers de vie de l'armée.

L'officier est, avons-nous dit, *celui qui fait profession de commander*.

Commander, c'est gouverner, c'est-à-dire déterminer et assurer le fonctionnement de l'organisme
militaire.

La fonction de l'organisme militaire est la mise
en œuvre des forces nationales pour la lutte armée.
Elle s'exécute par la collaboration organisée des
forces individuelles et corporatives. Pour être saine,
elle doit s'exercer dans le sens du devoir national.
Mais, dans tous les cas, collaborer à la lutte engagée est le devoir commun des membres de la nation.

Les officiers sont les professionnels de ce devoir
commun. Ils doivent le connaître dans son principe
moral aussi bien que dans ·ses formes dérivées,

adaptées à la pratique (14), exprimées en règles positives.

Pour commander, ils font appel à la collaboration de tous, au nom du devoir commun, avec une autorité irrésistible.

Leur puissance dérive donc de l'acceptation du devoir commun par la masse, de leur propre valeur, en tant que professionnels de ce devoir, enfin, de la consécration donnée à leur autorité par la loi, consécration qui leur confère leur caractère spécial, celui de maîtres autorisés de par la nation pour l'exécution du devoir commun.

L'officier a entre les mains, dans une certaine mesure et à certains moments, comme une délégation du pouvoir souverain. En tout temps, il a, à l'égard des citoyens qui composent sa troupe, des pouvoirs extraordinaires : le droit à l'obéissance absolue, le droit de punir. Dans certains cas, au cours de la lutte, la loi lui reconnaît tacitement le droit de vie et de mort. Elle le revêt comme d'un caractère sacré : lever la main sur lui n'est pas un délit ; c'est un attentat.

L'officier a ceci de caractéristique que ce qu'il a en charge, c'est plus qu'une fonction publique ; il a pour attribution un devoir. Sa mission est de *connaître* à fond ce devoir, de le *pratiquer* journellement lui-même, sous la forme du commandement, de l'*enseigner* et de le *faire pratiquer*. De sorte que sa vie entière se trouve pénétrée de ce devoir propre et qu'il y est pour ainsi dire *consacré*.

Sans doute, tout emploi public a pour corollaire un devoir; tout au moins celui qui le remplit a-t-il le devoir de s'en acquitter exactement. Dans certaines occupations libérales, la pratique de l'art exige bien aussi que l'esprit se tende journellement vers les principes, mais les principes ne sont pas des obligations morales et l'artiste n'a pas à réaliser ses conceptions en les appliquant à sa propre personne.

C'est dans l'armée seulement qu'on trouve accumulées sur un même individu toutes les consécrations imaginables à un devoir donné, le même devoir devant être étudié, enseigné et enfin prouvé et mis en œuvre par le même individu, d'abord dans la vie journalière, puis sous le feu et jusqu'à la mort. C'est pour cela qu'on a comparé justement le corps d'officiers à une chevalerie vouée à l'observance d'un devoir.

L'officier a pour charge, pour vocation, un devoir civique. On n'embrasse pas la *profession des armes* comme celle de négociant, d'industriel ou de percepteur des contributions; *on s'y consacre* et on engage tacitement son honneur pour garant de son loyalisme militaire.

Et même, de nos jours, l'expression *profession des armes* sonne faux à notre oreille; elle est devenue insuffisante pour caractériser l'officier. Il ne suffit plus de savoir se battre pour être digne de commander dans les rangs de la nation armée ; le chef militaire est devenu, par la force des choses, *un chef national,* le guide et l'exemple de tous dans le devoir national, et son rôle s'est élevé au point que les termes anciens ne suffisent plus à le définir.

L'homme qui reçoit l'épaulette doit savoir qu'il prend en même temps personnellement l'engagement d'honneur de se vouer absolument *au devoir militaire national,* et c'est cet engagement tacite, cette *vocation,* qui le caractérise officier.

Un officier n'est pas seulement le chef de telle ou telle unité, il est le professionnel de l'armée ; il est *de service* toujours et partout, dans les choses militaires. Chaque officier est responsable de la vie de l'armée, de ses principes de force et d'existence, partout où il se trouve. Dès qu'il voit quelque chose qui penche ou qui fléchit, que ce soit dans son unité ou en dehors, dans son régiment ou dans un autre, sur la place publique, dans la rue, il a le devoir d'intervenir et de remettre les choses en place. Il est le gardien juré des disciplines et de l'honneur de l'armée.

C'est sous cet aspect de représentants et maîtres du devoir national que le peuple, par une intuition singulièrement clairvoyante, regarde les officiers. C'est par suite de cette notion inconsciente, mais très vive, qu'il est poussé à les examiner sans cesse, avec rigueur parfois, à les surveiller dans leurs paroles et dans leurs actes. Il se sent le droit de les vouloir aussi parfaits que possible, irréprochables.

On demande au peuple un dévouement complet au service de la nation. Ce dévouement, il le donne; il nous donne ses enfants, il nous donne même pour la lutte tous les citoyens valides, tous les bras, toutes ces existences infiniment précieuses que rien ne saurait remplacer. Tout cela, le peuple le remet entre les mains de ses chefs de guerre, avec soumission, avec résignation, avec courage, mais il entend que nous ne gâchions pas ces trésors humains, que nous ayons l'intelligence et la science pour les employer utilement, le dévouement pour ne les dépenser qu'au profit du devoir, l'humanité pour les ménager et en prendre soin.

Voilà ce que le peuple veut trouver chez l'officier. Voilà les garanties que nous sommes tenus de lui présenter. Et, quand nous portons en nousmêmes ces garanties réelles, il nous faut encore mettre tous nos soins à éviter les causes d'erreur et de malentendu, car la confiance et l'affection du peuple sont pour nous des éléments de force. Il nous faut surveiller nos paroles, nos actes, notre vie privée, éveiller autour de nous la confiance et le respect.

Il suffisait jadis, à la rigueur, d'un aventurier hardi pour faire un officier. Les bourgeois s'inquiétaient peu de ce qui pouvait se passer entre les quatre murs d'une caserne; les guerres les intéressaient comme de grands faits historiques actuels dont ils n'avaient à être que les spectateurs ; la dignité, la moralité des soldats et des officiers leur importaient peu ; on les savait braves, et cela suffisait.

Il n'en va plus de même aujourd'hui : la nation veut trouver dans ses chefs de guerre la totalité des qualités propres à lui inspirer confiance : le caractère moral, qui est le fond de la valeur d'un homme. — L'officier qui sait observer croit entendre autour de lui des questions muettes : « Qu'est-il, celui-là ? N'est-ce qu'un vaniteux qui parade dans son uniforme ? Saura-t-il nous commander ? N'est-ce qu'un brutal et un arrogant qui profite de son autorité pour malmener nos enfants ? Est-il juste, digne, honnête, humain ? N'est-ce qu'un soudard, un traîneur de sabre ? un ambitieux sans scrupule, prêt à tout pour avoir des grades et des décorations ? Quel emploi fera-t-il de nous quand nous serons sous ses ordres, à sa merci ? »

L'officier est, de la part des gens du peuple surtout, l'objet d'une observation attentive et exigeante ; il faut qu'il le sache, qu'il en tienne compte et qu'il évite tout ce qui peut produire sur la foule une impression défavorable. Ceux qui le regardent sont ses réservistes ; la confiance et l'estime qu'il sait leur inspirer sont des facteurs importants de la solidité des troupes que nous avons à improviser à la mobilisation.

Le peuple n'est pas indulgent à l'officier; il comprend mal tel acte rigoureux que la discipline impose; il interprète mal telle parole, tel geste, telle attitude; il est parfois porté à prendre fait et cause pour le soldat contre ses chefs; mais, en somme, et si on fait abstraction des populaces inconscientes de certaines grandes villes, ses défiances dérivent bien le plus souvent d'une conception juste du rôle de l'officier, représentant et maître d'un devoir national, à la hauteur duquel il faut qu'il sache s'élever. Ce caractère national de sa fonction impose à l'officier diverses obligations :

Il est moralement tenu de ne s'inféoder à aucun parti politique, social, religieux ou antireligieux. Son autorité ne saurait s'exercer sur tous qu'à la condition d'être reconnue tout à fait impartiale. Il faut que tous les citoyens servent sans défiance et sans répugnance sous ses ordres.

Dans le même ordre d'idées, l'officier doit s'abstenir de se rallier à telle ou telle catégorie sociale, de se présenter, par exemple, comme appartenant à une caste aristocratique. Qu'il recherche des relations d'une éducation égale à la sienne, rien de mieux! Mais qu'il n'aille pas surtout s'aliéner les parties honnêtes et modestes de la population, en affectant de fréquenter les parvenus douteux de la richesse, les *rastaquouères,* les gens, trop nombreux aujourd'hui, qui doivent leur rang social et **leur luxe à des manœuvres suspectes.**

Il est peu digne, peu honorable, de se mettre à la suite des riches parce qu'ils sont riches, parce qu'ils tiennent table ouverte, qu'ils donnent des fêtes, des chasses, des soirées. Rechercher systématiquement des plaisirs payés par autrui n'a rien de brillant; lorsqu'on le fait, on est plus ou moins *de la suite* de celui qui paye. Il ne faut pas s'y tromper, car l'opinion publique est dure pour ces sortes d'erreurs. Pour l'officier pauvre, surtout, il y a un inconvénient majeur à se faire le convive ou l'hôte trop assidu des riches.

On est d'ailleurs toujours plus ou moins le *tenant* des gens qu'on fréquente, à la table de qui on s'assied; des relations suivies supposent toujours un certain degré d'estime. Les citoyens appelés à marcher sous nos ordres peuvent-ils accepter que nous affections de les diviser dans notre opinion en deux catégories : les riches, devant lesquels on déploie des grâces; les pauvres, qu'on regarde comme des malotrus et qu'on traite en conséquence? Cette manière de voir est avilissante et mène à la platitude; elle est, dans tous les cas, en opposition avec la mission de l'officier, qui est de faire connaître et pratiquer à tous les enfants du pays un devoir commun, une obligation devant laquelle tous doivent être égaux à ses yeux.

La richesse n'est pas une aristocratie et, si elle en était une, ce serait une raison de plus pour le corps d'officiers de s'en écarter. Le corps d'officiers lui même n'est pas davantage une caste aristocratique ; il doit être une élite, une sorte de chevalerie au service de la nation, et cela est fort différent : il ouvre ses rangs à tous ceux qu'il juge aptes à marcher avec lui dans la voie du devoir commun.

C'est surtout vis-à-vis de ses hommes que l'officier doit se garder de se donner des allures aristocratiques, d'affecter de s'éloigner *socialement* de sa troupe pour se rattacher à quelque caste de rang supérieur. Nos soldats viennent se mettre entre nos mains pour apprendre de nous à connaître et à pratiquer un devoir commun à tous les citoyens. Comment nous acquitterons-nous de cette mission, si nous commençons par les tenir éloignés, en prétendant les reléguer dans quelque catégorie de nature inférieure (15)? C'est d'homme à homme que s'enseigne le devoir commun à tous ; je dirais même *d'égal à égal,* si je ne craignais que cette expression ne fût mal comprise. Nous sommes les supérieurs *hiérarchiques,* mais chefs et soldats sont égaux devant le devoir militaire.

Les notions de devoir ne s'imposent pas autoritairement comme des consignes ; on n'a rien obtenu tant que l'homme se borne à les caser dans sa mémoire et à les réciter ; le but n'est atteint que lorsqu'on a su faire naître la volonté personnelle d'accomplir le devoir et éveiller l'esprit de dévouement. **Ce résultat, qui est le seul utile, ne s'obtient jamais** si l'on ne sait pas entrer en communication morale avec ses inférieurs, leur parler avec conviction, avec chaleur, pour acquérir leur cœur à l'œuvre commune. Le dévouement ne se commande pas, il se gagne.

Toute prétention à une supériorité sociale est d'ailleurs aujourd'hui déraisonnable de la part de l'officier. Nos contingents comprennent toute la jeunesse de la nation; nos classes de réservistes comptent dans leurs rangs des hommes de la meilleure société et de la plus belle éducation. Les allures aristocratiques sont donc particulièrement injustifiées dans l'armée; elles sont de plus en opposition avec la nature de la mission de l'officier et avec le caractère national de sa fonction.

Les officiers, ayant une notion particulièrement claire de l'œuvre commune et comprenant qu'elle dépend de la collaboration de tous, sont naturellement animés d'un esprit de corps spécial.

L'esprit de corps, lorsqu'il s'agit des officiers, se confond par certains côtés avec l'esprit de corps des régiments ou avec l'esprit d'arme, mais il a plus d'ampleur; il s'étend aussi à la collectivité de tous les officiers, sans distinction de corps ni d'arme, et cela est tout simple, puisque les officiers ont conscience de la collaboration de tous dans la fonction générale de l'armée.

L'esprit de corps du corps d'officiers est la solidarité morale qui résulte de l'identité des attributions et de la fonction au cours de l'œuvre commune.

La force et la dignité de l'armée sont l'œuvre journalière du corps d'officiers.

Les corps d'officiers sont les milieux moraux dans lesquels se développent et s'entretiennent les principes de force militaire, le sens de la solidarité, la conscience du devoir, l'acceptation du sacrifice, l'abnégation de l'individu devant le service, c'est-à-dire devant le devoir collectif de la nation armée. Ils sont les *foyers de vie* de l'armée. Lorsqu'ils ont l'activité, l'esprit d'initiative, l'énergie, tous les éléments de force se développent vigoureusement autour d'eux sous leur influence. Si on comprime ces collectivités, si on les empêche de penser, d'agir, si on leur interdit en temps de paix les actes d'énergie, si on leur retire les moyens d'action, si on ne leur laisse en un mot que l'apparence, la forme vaine de corps vivants et actifs, pour les transformer en de simples groupes d'individus juxtaposés, l'armée perd à la fois sa valeur intellectuelle et son ressort moral. L'officier n'est plus qu'un individu sans attaches qui erre à travers l'armée, d'un régiment à un autre, d'un grade au grade supérieur, abandonné à lui-même, poussé à prendre pour mobiles d'action ses intérêts ou ses convenances.

Les corps d'officiers sont et doivent être solidaires de leurs membres ; ils doivent avoir action sur eux.

En fait, l'opinion publique confond dans une même estime ceux qui portent le même uniforme.

D'ailleurs, si l'on considère la corporation comme responsable du développement de la force de l'armée, force composée surtout d'énergies morales, il faut bien lui reconnaître le droit de contrôler la valeur de ses membres et d'éliminer les indignes. Il est des principes et des sentiments qu'elle entend être assurée de trouver chez tous les officiers, afin de pouvoir compter sur eux en toute sécurité, au cours de l'œuvre commune, et de leur confier sans inquiétude son uniforme et ses insignes. La corporation forme bloc dès que son honneur professionnel est en jeu.

L'esprit de corps ainsi compris est la discipline morale du corps d'officiers.

Il est tout simple que, dans un corps de cette sorte, règnent du haut en bas une solidarité parfaite, une estime réciproque affirmée par des marques de considération mutuelles et par une courtoisie irréprochable. Cela doit s'établir comme de soi-même entre gens obligés à être, aux yeux de tous, les représentants du devoir national.

Les corps d'officiers sont seuls capables d'exercer une action vivifiante sur l'armée. Lorsque les règlements ou les traditions des âges antérieurs leur refusent l'action intellectuelle et morale, leur fonction vitale se trouve supprimée, et on essayerait vainement de la confier à quelque autre partie de l'organisme militaire.

La valeur du corps d'officiers est le premier élément de force de l'armée. C'est par l'exercice de nos activités physique, intellectuelle et morale qu'elle se développe et se maintient.

Lorsque ces trois sortes d'activités règnent sur un corps d'officiers, il s'élève à un degré de force incomparable. Les éléments affaiblis ou insuffisants se trouvent soumis à des épreuves actives qui les décèlent et les gênent; ils se retirent d'eux-mêmes ou se confinent dans les emplois subalternes; les meilleurs, les plus vigoureux, les mieux trempés se révèlent et sont portés à la tête de l'armée; les individus, entraînés par l'esprit du corps, jaloux de fournir leur part d'effort à l'œuvre commune, s'efforcent d'acquérir une plus grande valeur et de gagner l'estime de leurs camarades.

Les corps d'officiers régimentaires élevés à ce niveau répandent autour d'eux, dans la masse de l'armée et même parmi les populations, l'esprit militaire, le respect de l'armée, la confiance, le sentiment de la force.

Mais, il ne faut pas s'y tromper, l'activité n'est réelle, efficace, qu'à la condition d'être spontanée.

On ne commande pas le goût des exercices physiques, le désir de s'instruire et de connaître à fond ses fonctions, l'esprit d'abnégation. Ces sentiments se développent le plus souvent d'eux-mêmes dans une corporation d'hommes choisis, lorsqu'elle n'est ni comprimée, ni entravée. Les chefs de corps peuvent beaucoup pour les produire, mais à la condition de savoir parler et agir comme des chefs de famille et de conquérir le *commandement moral* de leurs corps d'officiers, commandement que certains n'exercent jamais.

La direction morale du corps d'officiers est l'attribution essentielle du chef de corps. Cette direction ne s'obtient pas par des procédés autoritaires.

L'officier étant le principal élément de force de l'armée, on ne saurait trop le rehausser. Il faut d'abord qu'il commande des unités réelles, qu'il ait une autorité réelle, qu'on lui laisse la plus large initiative : bref, qu'on lui permette l'action intelligente et spontanée.

Il faut qu'on lui fasse une vie digne, qu'il n'apparaisse pas au public comme un pauvre diable habillé richement et toujours ployé ou prêt à plier.

Sa tenue doit être simple, sa solde suffisante pour qu'il n'ait pas à se débattre ridiculement au milieu des exigences matérielles de l'existence. Sa fierté surtout doit être intacte. On doit le mettre à l'abri des punitions sottes qui prétendent le faire marcher *par humiliation,* à l'abri des remontrances publiques ; enfin, il convient que l'autorité du chef ne soit pas sans cesse sur ses talons, ne vienne pas l'envelopper et peser sur lui dans sa vie civile ; il importe qu'à la première altercation ou contestation avec lui, le premier individu venu ne se dise pas : « Nous allons bien voir ! Je vais écrire au colonel. »

Lorsque la population civile voit l'officier sous l'aspect d'un asservi, la considération de l'armée en souffre. On entend des hommes d'une situation sociale plus que modeste dire : « Moi, je ne pourrais pas accepter cela ; je répugnerais à ces attitudes ; je serais révolté par ces exigences ; je ne saurais pas plier autant qu'on le veut. » — La liberté est en effet le premier facteur de la dignité humaine ; il n'y a qu'u ie servitude honorable : c'est l'asservissement volontaire au devoir. Donner à l'obéissance toujours volontaire et spontanée de l'officier l'aspect d'une soumission forcée, imposée par l'autorité du chef, c'est porter une grave atteinte à la dignité du grade. Quand vous parlez, en public surtout, à vos officiers, ayez le ton d'un homme qui donne des instructions à des collaborateurs absolument sûrs, dans l'intérêt de l'œuvre commune ; ne faites pas parade de leur obéissance comme d'une chose imposée par votre force. Cela est faux, c'est par devoir que l'officier agit et non par crainte.

N'intervenez dans les affaires privées de vos officiers que si la dignité de l'uniforme ou la considération du corps se trouvent engagées. L'officier doit à ses chefs, en dehors du service, de la déférence et du respect ; on abuse du principe de la subordination lorsqu'on exige, dans ces conditions, de l'obéissance. Il faut qu'un officier honorable puisse agir, dans la vie civile, avec autant d'indépendance et de fierté qu'un citoyen quelconque.

L'officier doit pouvoir relever une insulte sans avoir à demander une autorisation. Il est bon qu'il soit libre de publier ses idées sous sa responsabilité, à la seule condition de ne rien divulguer de confidentiel ou de secret. S'il veut se marier, il doit être le seul juge de l'honorabilité et des convenances de son mariage. Il viendra un temps où l'on ne comprendra pas que l'État ait pu prétendre intervenir dans une affaire qui est si nettement d'ordre privé (16). Qu'au nom de la dignité du corps on élimine de l'armée l'officier qui s'est abaissé à une union déshonorante, mais qu'on lui laisse sa liberté d'action ! Quant à la condition de l'apport dotal, elle est nettement immorale.

En résumé, chaque officier est, individuellement, dans les limites de son action, le représentant et le maître de cette partie du devoir civique qui constitue le devoir militaire. Il l'étudie, l'enseigne dans son principe et dans ses moyens d'exécution, il en assure l'observation et prêche d'exemple.

En guerre, les officiers sont les cadres de la nation armée. L'esprit de devoir est la qualité essentielle de l'officier.

Les officiers forment corps par régiment et par arme. Ils forment également dans toute l'armée un corps unique ayant une fonction commune, des intérêts communs, un honneur commun.

Les officiers sont en réalité aujourd'hui les seuls éléments permanents de l'armée, les seuls individus voués pour la vie à la fonction militaire. Ils sont seuls aptes à conserver ce qui fait la vitalité de l'armée : les traditions d'honneur, le sens de l'abnégation, l'esprit militaire.

Ils sont seuls capables de maintenir en honneur l'art et les sciences militaires, de tenir l'armée au courant des progrès de l'organisation, de l'armement, de la tactique.

Ces hautes fonctions ne sont praticables pour eux que si on leur laisse libre accès à l'action, à l'initiative, à l'énergie, si leur capacité technique et leur valeur morale trouvent matière à s'exercer utilement, si leur action morale est favorisée par la considération dont on les entoure.

C'est en mettant en commun leurs forces, leurs connaissances spéciales, leurs études, que les officiers trouvent la base morale d'action qui leur est nécessaire. Livré à lui-même, à ses lumières et à ses passions personnelles, l'officier manquerait de force et d'assurance. Il doit être fortement englobé dans le corps d'officiers. A son début, il s'y forme, il y est guidé, conseillé, surveillé, jugé ; on le ramène au besoin dans la droite voie, au nom de l'honneur commun. Quand il est formé, il devient un élément actif et vigoureux de l'action d'ensemble. C'est dans les milieux spéciaux constitués par les corps d'officiers que les individus acquièrent et conservent la trempe nécessaire à l'exercice de leur fonction ; c'est là que les idées s'échangent et se confirment, que les notions nécessaires s'établissent avec autorité, et, comme ces réunions d'hommes sont vouées à l'action, à une action de collaboration, elles forment des corporations.

Les corps d'officiers sont les foyers indispensables de vie et de moralité de l'armée. Quand on les étouffe, quand on leur interdit l'action corporative, l'esprit de corps et l'esprit militaire s'évanouissent ; l'armée s'affaisse et devient inerte.

Les principaux agents de force de l'armée sont les officiers pris individuellement et les corps d'officiers. Leur valeur n'est garantie que par leur activité, par leur tendance spontanée à l'effort dans le sens du devoir commun.

V

L'EXERCICE DU COMMANDEMENT

L'autorité par le devoir. — L'abnégation. — La maîtrise de soi-même. — La dignité. — La loyauté. — La fierté. — L'humanité. — L'esprit de suite. — L'éducation par l'action.

Les principes essentiels du commandement se dégagent, pour ainsi dire d'eux-mêmes, de l'étude que je viens de faire.

Nous sommes voués à la fonction militaire nationale. Notre devoir est le dévouement personnel, volontaire, absolu, aux œuvres qui sont de la fonction de l'armée.

Le commandement est impersonnel. Il nous est interdit d'y chercher un moyen de satisfaire nos intérêts et nos passions.

Nos chefs et nos subalternes, aussi bien que nos égaux, sont nos collaborateurs dans le devoir militaire. Nous leur devons une aide loyale, un appui constant et sûr. Nous ne pouvons les tromper, les abandonner, les renier sans quelque trahison.

Chefs de guerre de la nation armée, professionnels du devoir militaire civique, nous sommes obligés de montrer des capacités et de tenir une conduite propres à garantir, aux yeux des populations, la sûreté de notre commandement.

Nous sommes tenus de développer autour de nous les éléments de force de l'armée : le sentiment du devoir, l'abnégation, la discipline, l'honneur, la fierté, l'esprit militaire.

Les règles de conduite pratique apparaissent d'elles-mêmes par l'application de ces premiers principes aux diverses situations. On ne peut songer à les énumérer toutes. En voici quelques-unes :

Être maître de soi. Se commander. S'imposer à soi-même l'observation des principes et des règles.

Ce dernier point est capital.

Se dévouer loyalement à sa fonction et l'accomplir au besoin envers et contre tous.

Savoir pratiquer le devoir *pour lui-même,* sans se laisser arrêter par des raisons d'intérêt personnel telles que le désir de plaire ou la crainte de déplaire, la recherche des récompenses, de l'avancement ou de la popularité.

Imprimer au service le caractère d'un devoir en action, d'un devoir qui nous commande absolument nos actes. Nos inférieurs nous sentiront alors en possession d'une force pour ainsi dire surhumaine. Ils accepteront de nous les impulsions les plus dures. On discute avec un homme faible et passionné, on conteste la valeur de ses décisions, mais on ne s'attaque pas à l'expression permanente d'un devoir, on n'essaie pas d'ébranler celui qui est lui-même sous la puissance d'un principe moral absolu.

Notre personne n'est rien ; notre fonction est tout. Dans le service, nous ne sommes plus monsieur *Un-Tel,* mais le chef anonyme et aussi impersonnel que possible de notre unité.

Si l'homme que je suis, monsieur *Un-Tel,* éprouve de l'irritation, de l'humiliation, du découragement, de la vanité, de la sympathie, de l'antipathie..., le chef de l'unité, que je suis aussi, doit ne prendre à son compte aucun de ces sentiments. Dans son service, il est comme une deuxième personne qui se tient systématiquement à l'écart des affaires de la première.

L'officier qui sait comprendre cela en devient, pour ainsi dire, inattaquable et inébranlable. Il met hors de cause, dans le service, sa personne, qui prête plus ou moins aux attaques et qui est sujette aux défaillances ; il ne se montre plus que dans sa fonction loyalement pratiquée ; on ne peut l'atteindre sans se heurter à la fonction qu'il exerce et cette fonction défie toutes les attaques.

Notre personne étant hors de cause dans le service, nous n'avons jamais à montrer un sentiment de passion personnelle. Un chef militaire n'envisage les faits que sous le rapport du service, au point de vue des devoirs que ces faits l'amènent à appliquer.

Même s'il est l'objet d'une attaque directe, d'une

injure qu'au fond il ressent personnellement, le chef militaire doit se montrer uniquement et froidement occupé des conséquences *de service* que l'acte comporte, des mesures qu'il a le devoir de prendre. Il n'a jamais à se départir de son calme. S'il perd son sang-froid et s'emporte, il est par ce seul fait hors de sa fonction, hors de son autorité, par conséquent ; il se reconnaît touché ; il se découvre et montre sa personnalité privée, qui est sans valeur, dans l'exercice du commandement.

Le sang-froid est tout aussi nécessaire vis-à-vis d'un supérieur qu'à l'égard d'un subalterne. Si vous avez affaire à un homme qui fait du commandement une question de personne, qui s'irrite, s'emporte..., prenez aussitôt l'attitude de service, celle qui vous présente aux yeux comme enfermé dans la fonction qui vous couvre ; gardez-vous de chercher à prendre avantage de cette situation pour faire ressortir la faute du chef, car vous commettriez alors une faute plus grave encore ; vous avez le droit et le devoir de protéger la dignité de votre grade, mais toute hostilité ou apparence d'hostilité vous est interdite. Ne montrez aucune humiliation, regardez loyalement en face le chef qui parle trop durement et refusez absolument de sortir de votre fonction ; écoutez ses paroles, quelles qu'elles soient, avec l'attitude d'un homme qui attend des ordres et qui laisse passer le reste.

Dans les circonstances critiques, quand vous sen-

tez naître en vous-même la colère, la crainte, le
dépit..., songez que vos paroles et vos actes sont **sur
le point** *de vous échapper.* Obligez-vous à conserver
une attitude impassible, parlez avec un calme me-
suré, imposez-vous la préoccupation exclusive de
rechercher ce que votre fonction commande, de le
faire ou de le dire nettement, tranquillement, comme
s'il ne pouvait être question d'autre chose.

C'est surtout dans la répression que le sang-froid
parfait est nécessaire. Si vous vous trouvez en présence d'une atteinte grave à la subordination, à la
discipline, aux éléments de force de votre unité ; si
vous constatez avec dépit que vos ordres ont été
méconnus et qu'un subalterne coupable a fait manquer vos dispositions, tout cela doit avoir pour
unique effet de mettre tranquillement et méthodiquement en œuvre une de vos fonctions, la fonction
de répression, celle qui exige le plus d'impartialité,
de réflexion et de sang-froid. Faites donc sentir
immédiatement que la faute est grave, par un simple
mot ; réfléchissez, en prenant votre temps, et assurez
ensuite la répression.

N'employez jamais la menace. Présumez systématiquement l'obéissance, mais faites les vérifica-
tions nécessaires, redressez et, s'il y a lieu, réprimez.

Toute faute n'appelle pas la répression.

Si la faute est une simple erreur, il suffit d'éclairer l'homme qui l'a commise.

Si la faute est une défaillance, un acte de négli-

gence, de laisser-aller, ce n'est plus l'esprit de
l'homme qu'il faut éclairer, c'est son moral qu'il y
a lieu de remonter ; il convient alors de faire rentrer
en jeu les forces qui ont manqué : le courage, l'esprit de devoir, l'esprit militaire, le sentiment de la
dignité personnelle, la probité, la loyauté, l'amour-
propre. Réprimez le fait, si vous le jugez nécessaire
pour l'exemple, mais n'oubliez pas que le principal
est de rechercher la cause du défaut de fonctionnement et de la faire disparaître.

Si la faute est une infraction voulue et prémédi-
tée au devoir, la répression immédiate s'impose,
exemplaire et inflexible.

Si, par extraordinaire, vous avez affaire à un
homme définitivement perdu, à un individu faux et
sournois ou à un être d'une humanité inférieure, à
une demi-brute, entêtée dans ses résistances aveu-
gles, ou à un révolté, ces hommes étant nettement
hors de fonction, la répression et, au besoin, l'élimi-
nation doivent être appliquées méthodiquement, de
façon à bien convaincre l'homme qu'il est sous l'action absolument sûre d'une force incoercible.

Continuez cependant en même temps à chercher
à réformer le moral de l'individu, dans la mesure du
possible. Il y a des degrés dans la moralité. Si vous
ne pouvez élever jusqu'à vous un homme profondément démoralisé, ce n'est pas une raison pour le
laisser dans la fange. Tel qui ne comprend pas le
devoir est accessible à l'amour-propre : c'est le cas

des gens qui rusent avec le service, pour s'y soustraire le plus possible. Des demi-brutes sont parfois
absolument fermées ; ces gens-là n'écoutent que
leurs appétits ; entre vos mains, ils se font systématiquement inertes et sourds. Ce sont souvent des
dégénérés ou des alcooliques. Essayez de leur faire
du moins comprendre qu'ils ont intérêt à servir régulièrement, pour s'épargner de graves ennuis. Les
révoltés sont rares dans une unité bien commandée ;
mais on peut vous passer un homme dont quelque
porte-galons aura fait un révolté, en lui présentant
l'armée comme un instrument de compression stupide... Renouez les relations qui ont été rompues ;
rentrez *en communication morale* avec l'homme,
informez-vous de sa famille, de son pays...; qu'il se
sente comme sorti d'une machine de compression
brutale et inconsciente, rendu à la vie morale et humaine. — Vous serez parfois surpris de voir ce révolté mettre instantanément à votre disposition un
dévouement sincère, et il ne vous restera plus qu'à
transformer ce dévouement personnel, à l'idéaliser
en apprenant au soldat égaré le devoir, la véritable
discipline, qui exalte les énergies au lieu de les humilier.

Ne faites pas de discours ; un homme convaincu,
sérieux, préoccupé de ses fonctions, n'a pas le
temps de polir des phrases. Ne vous livrez pas à des
épanchements sentimentaux, abstenez-vous de l'élo-

quence : elle est, dans notre métier, impuissante, inutile, et les sublimités qu'on croit dire se trouvent trop souvent résonner aux oreilles de la troupe comme une phraséologie aussi creuse que ridicule.

L'éloquence préparée est souvent un mensonge de pensée ; elle est presque inévitablement un mensonge de forme, une exagération, une ostentation de sentiments qu'on n'éprouve pas normalement.

L'héroïsme s'ignore toujours : il n'est pas à l'état permanent dans notre cœur ; certaines circonstances seules le suscitent chez les natures nobles et fortes : les effets oratoires n'y sont pour rien.

L'éloquence de l'officier consiste dans des idées bien acquises et clairement exprimées. Son langage est celui d'un homme qui instruit et qui commande : net, sobre et ferme. Ces qualités ne s'acquièrent pas par l'étude : elles résultent de l'état d'âme qu'elles reflètent, de la conviction de celui qui parle, de son esprit de devoir, de la connaissance approfondie du sujet qu'il enseigne.

Si vous ignorez vos devoirs, si vous êtes vaniteux, indifférent, infatué de votre personne, sans conscience..., vous perdrez votre temps à polir votre langage et à soigner votre attitude. Comme la forme ne sera jamais en vous d'accord avec le fond, vous aurez forcément, à quelque degré, l'air d'un pantin agité par des ficelles.

Ne trompez jamais. Personne ne peut vous obliger à dire ou à écrire une chose fausse. Tout rapport signé de vous doit être l'expression exacte et complète de la vérité. Abattez et réprimez autour de vous le mensonge : ne souffrez pas qu'on attribue à un homme, comme mises dans la cible, des balles qu'il n'a pas tirées, qu'on porte à son nom des rations qu'il n'a pas touchées, qu'on dissimule des fautes ou des irrégularités par des artifices. Ayez la fierté de montrer votre unité telle qu'elle est ; ne faussez rien dans l'organisme qui vous est confié.

Refusez d'accorder quoi que ce soit à la faveur, à des recommandations, même si elles viennent de haut. Défendez énergiquement contre toutes les atteintes la part de fonction publique dont vous avez la charge. Refusez les permissions que vos hommes cherchent à obtenir par des démarches irrégulières ; maintenez à tout prix une punition juste et nécessaire ; ne consentez pas par faiblesse à l'avancement d'un mauvais sujet.

Surveillez et maintenez votre valeur morale personnelle. Ne réglez pas votre conduite en vue de vous concilier la faveur de vos chefs, ou de vous ménager des appuis, ou d'obtenir de l'avancement ou de bonnes notes. On est un pauvre homme quand on en vient à asservir ses pensées, ses paroles, ses actions à toutes ces considérations d'intérêt, qui faussent notre fonction et avilissent notre caractère.

C'est en vain que, pour justifier ces bassesses, vous invoqueriez la subordination : elle n'a rien à voir avec la courtisanerie et la servilité. Collaborer dignement au devoir commun, employer nos forces au service de l'armée est autre chose que nous aplatir, nous humilier, nous mettre au service personnel du supérieur, flatter ses manies et jeter notre dignité sous ses pieds. Ici encore, la correction de notre attitude dépend de notre sens réel du devoir et de notre conviction.

Il est plat, si on est chargé d'étudier une question et de faire une conférence, de ne s'occuper que de l'opinion probable du chef, au lieu de chercher la vérité. — Si l'on suit les cours d'une école, il est vil de chercher à fausser les appréciations des professeurs, à s'attirer leur faveur en leur témoignant l'intérêt et l'admiration vive que leur enseignement... ne vous inspire pas toujours. Partout, en un mot, dans les grandes circonstances de la vie et du service aussi bien que dans les petites, sous quelque dénomination qu'on les déguise, la déloyauté, la flatterie, la fourberie sont des hontes. Gardez-vous-en soigneusement et tenez à l'écart ceux qui s'y livrent.

La loyauté est du reste une force indispensable, non seulement à l'individu, mais à l'organisme militaire entier ; c'est elle qui fait la sûreté des relations de service : elle est *la santé morale* de l'armée.

Respectez la dignité de vos inférieurs. Que vos rapports avec eux soient empreints d'une parfaite courtoisie. Vos inférieurs sont pour vous des collaborateurs indispensables; sans leur aide, vous n'êtes rien, vous ne pouvez rien ; réglez vos rapports avec eux d'après cette idée. Instruisez-les, surveillez-les, mais ne mettez jamais ouvertement en doute leur valeur. Tout homme qui a été régulièrement pourvu d'un grade a, par ce seul fait, un brevet de capacité incontestable. Il a aussi des droits strictement définis au commandement, à l'exercice de l'autorité, à la répression, aux honneurs et marques de respect. Il ne vous est permis de supprimer, restreindre ou modifier aucun de ces droits.

Attachez-vous à laisser à vos subordonnés toute l'initiative, toute l'amplitude d'action à laquelle ils ont droit. Normalement, c'est par leur intermédiaire, par leur concours que vous devez obtenir le fonctionnement de votre unité ; si vous n'y arrivez pas, si vous êtes obligé de faire la fonction de vos inférieurs, c'est que vous ne savez pas commander.

Revendiquez la responsabilité de tout ce qui se passe dans votre unité. Vous en êtes à la fois le chef et le représentant ; tout ce qui la concerne s'adresse à vous.

Vous avez chargé de fonction avant tout, mais vous avez aussi charge d'humanité, puisque ce sont des hommes qu'on met entre vos mains. Il ne suffit pas d'obtenir leur obéissance : vous êtes également tenu de ne pas laisser méconnaître leurs droits, de les préserver de tout abus, de tout traitement injuste, indigne ou malveillant.

Votre autorité doit très réellement être *paternelle*. Elle ne saurait en effet être tyrannique, c'est-à-dire réglée par votre fantaisie ; elle doit être juste ; il faut de plus qu'elle soit éducatrice et bienfaisante. Le soldat n'est pas un esclave, mais un homme au service d'un devoir ; vous avez charge à la fois du devoir à réaliser et de l'homme qu'on vous livre au nom de ce devoir. Plus on lui impose d'obéissance, plus votre responsabilité grandit ; l'homme entré au service ne peut plus suffire par lui-même à aucune des conditions de l'existence humaine, tous les moyens lui sont retirés, il est privé de sa famille, de la direction morale des siens...

Qui donc est chargé de suppléer à tout cela, de pourvoir à toutes ces *nécessités physiques et morales,* de lui assurer la nourriture, le logement, l'habillement, au physique, de lui garantir au moral le respect de la dignité humaine et, s'il est jeune, l'éducation ? L'autorité de ceux qui ont ces charges est dite *paternelle* avec raison ; cela ne veut pas dire faible ; cela signifie simplement que, tout en assurant la fonction avec une fermeté absolue, nous assumons très réellement les charges matérielles et morales d'un père de famille à l'égard de ceux que nous commandons. Rien n'est plus simple à comprendre quand on agit par devoir ; l'autorité reste alors paternelle, même quand elle est obligée d'être inflexible. Telle punition très dure est infligée sans hésitation, avec la précision la plus résolue, par le chef, qui cependant en éprouve de la peine ; elle est accomplie avec soumission par le subalterne, sans qu'il en conserve aucun ressentiment ; le lien de justice et d'affection n'est pas rompu entre ces deux hommes ; tout cela est le fait d'un être impersonnel en la puissance duquel ils se trouvent tous deux et qui est le devoir commun.

Imprimez à votre commandement le caractère d'une action méthodique, soutenue, inlassable. Ne répétez jamais un ordre, énoncez-le clairement et complètement une fois pour toutes ; faites-en prendre note s'il doit être considéré comme une consigne permanente, puis laissez faire. Quelque temps après, vérifiez l'exécution. Au début, il vous arrivera de constater qu'il ne reste rien de vos ordres. Mais alors vous remonterez la machine, énergiquement s'il le faut ; vous apprendrez à vos inférieurs à fonctionner d'une manière plus sûre, *et c'est là le principal.* Commander, c'est obtenir les résultats *par le fonctionnement normal* de l'organisme militaire et non par une intervention personnelle de tous les instants. Vous avez avant tout à assurer le fonctionnement de votre unité par votre mode d'ac-

tion *normal ;* le résultat du moment est presque
toujours d'intérêt secondaire, à côté de cette nécessité de premier ordre.

Faites appel, dans la plus large mesure, à la collaboration de vos inférieurs ; donnez-leur autorité et
responsabilité ; faites qu'ils s'intéressent aux résultats de votre commandement, par suite de la part
active qu'ils y prennent. Demandez-leur parfois leur
manière de voir ; prenez la peine de leur expliquer
le but que vous poursuivez et la marche que vous
voulez suivre. Montrez les conséquences de toutes
les défaillances : de l'inertie, du manque d'initiative
ou de décision, de la faiblesse de caractère, du défaut de conscience...

N'adressez jamais un reproche à un gradé devant
la troupe. Infligez les punitions discrètement, même
aux simples soldats. N'affichez jamais la prétention
de faire peur à qui que ce soit.

Ne prenez jamais d'attitudes, d'airs de tête, n'affectez pas un ton de voix arrogant. Un homme sûr
de sa force est, par ce seul fait, naturel et calme ; il
est simple et sérieux, s'il est convaincu de la valeur
de sa fonction.

Ne cherchez pas à créer des illusions, des prestiges. Votre attitude sera suffisamment correcte si
vous avez le sentiment de votre dignité ; elle se fera
d'elle-même imposante, dans les circonstances criti-

ques, par le calme et la mesure qu'elle conservera, si vous êtes maître de vous.

Il est des manifestations extérieures qui sont loyales et utiles, qu'il faut savoir organiser : ce sont celles qui ont pour ainsi dire le caractère d'une leçon de choses ou d'une démonstration en action. Les marques de respect, par exemple, sont la mise à l'épreuve et la démonstration d'un sentiment qui doit réellement exister. Il en est de même des honneurs rendus aux officiers ou au drapeau. Ces manifestations sont plus efficaces, comme moyen d'éducation, que les conférences les plus éloquentes. Vous ferez bien de caractériser ainsi par des démonstrations pratiques extérieures les idées et les sentiments que la parole ne suffit pas toujours à inculquer. Le capitaine remettra, par exemple, lui-même, de sa main, au jeune soldat, le fusil qu'il doit porter ; il reconnaîtra exactement les gradés nouvellement promus, devant la troupe, dans les formes réglementaires, et sans retard ; il les introduira lui-même dans leur escouade ou dans leur demi-section, en leur présentant leurs hommes. Au retour d'un exercice de tir, il fera prendre la tête de la compagnie aux meilleurs tireurs, affirmant par là la supériorité de leur valeur...

Enfin, le chef, quel qu'il soit, donnera la plus **efficace de toutes les leçons de choses en prêchant**

d'exemple, en pratiquant le devoir et en observant
la règle avec une rigueur absolue.

Ces démonstrations extérieures doivent être sin-
cères, sérieuses et mesurées, pour rester efficaces.
La pompe théâtrale, les effets d'éloquence, le bruit,
la musique... sont tout à fait inutiles. Des actions
significatives ne sont pas des parades. Elles impri-
ment aux actes de la vie militaire un cachet de dignité, en en dévoilant le sens et la noblesse cachée.
La parade et la dignité sont choses inconciliables.
Vous avez du reste un moyen simple de ne pas vous
y tromper : si vous sentez en vous le désir de vous
mettre en vedette, de faire de l'éloquence, d'éton-
ner les gens..., ce que vous allez faire est faux et
mauvais : c'est de la parade.

En résumé, étudiez votre fonction, comprenez
qu'elle est un devoir et dévouez-vous absolument à
ce devoir, en faisant litière des intérêts, des passions
et des appétits de votre personne privée. Ce résultat obtenu, il ne vous reste plus qu'à agir énergiquement, loyalement, et vous pourrez vous montrer tel que vous êtes sans avoir à composer votre
attitude, votre visage ou vos paroles.

Vous serez alors un chef militaire sûr et digne,
revêtu d'une force incomparable, et vous aurez les
satisfactions hautes inaccessibles aux gens de consistance morale incertaine, si intelligents qu'ils puissent être : la conscience de votre dignité, la certitude

de connaître le devoir, d'avoir en vous la puissance d'action nécessaire pour l'accomplir, l'assurance et la fierté qui résultent de cet état moral.

Vous serez réellement un des hommes qui ont charge du devoir national militaire : un *officier*.

VI

LA GENÈSE DU CHEF

Ce sont les passions nobles qui forment les beaux caractères. —
Pour devenir officier, dans le sens complet de ce mot, commencez
par concevoir le type idéal que vous devez incarner. — La force
passionnelle naîtra de ce concept et vous formera officier.

Connaître les écueils à éviter et les principes à observer est chose indispensable. — Trouver en soi,
dans la conscience du devoir, le ressort nécessaire
pour consacrer avec une abnégation parfaite toutes
ses énergies à sa fonction est, d'autre part, la condition primordiale du commandement.

Mais, pour que le chef soit complet, il lui faut encore nombre de qualités rares : le calme allant jusqu'au sang-froid imperturbable ; la haute raison qui
contient et réprime les entraînements personnels ;
l'esprit de suite, la ténacité, qui nous font poursuivre l'œuvre sans relâche jusqu'au bout, sans jamais
admettre par lassitude des résultats insuffisants ; un
sens juste et droit qui sait mesurer les moyens aux
effets à produire ; le tact, la perspicacité, l'esprit
d'observation...

Un pareil ensemble de qualités n'est jamais inné.
Comment se constitue-t-il chez certains individus

privilégiés ? Comment les autres doivent-ils s'y prendre pour l'acquérir ? *Comment devient-on apte à commander ?*

Cette question pratique est assurément celle qu'il importe le plus à l'officier d'étudier à fond et de résoudre ; mais elle est singulièrement difficile.

Certains éprouvent le besoin constant de se faire une conviction sur tous les points importants de leur profession ; leur attention est toujours éveillée, ils réfléchissent aux choses douteuses, remontent aux causes des faits qu'ils constatent, s'observent eux-mêmes et se redressent en leur for intérieur dès qu'ils se surprennent en faute. D'autres, qui seront souvent de braves garçons, pleins de courage et d'honneur, vivent intellectuellement en étourneaux, se bornant à surmonter au jour le jour les difficultés qu'ils rencontrent, sans y chercher ni principe ni méthode.

Les premiers possèdent une action puissante d'acquisition et de perfectionnement, appliquée à leur propre valeur intellectuelle et morale ; les autres sont dépourvus de cette puissance propre. Les uns sont maîtres d'eux-mêmes, ils gouvernent leurs propres facultés, les modifient et les accroissent ; les autres se bornent à suivre les inspirations de leur esprit et de leur cœur. Les premiers sont *des hommes de caractère,* les autres, non.

Mais la force de caractère, cette maîtrise de soi-même, est aussi puissante pour le mal que pour le bien ; il faut donc que sa direction morale soit parfaitement assurée. Sans doute, il n'arrive guère qu'un caractère, fort se mette au service de passions mesquines. D'autre part, les passions vigoureuses, telles que l'ambition, qui développent un grand esprit de suite et exigent de la volonté, trempent le caractère même lorsqu'elles sont orientées vers le mal. Elles répriment autour d'elles les passions plus basses qui entraveraient leur marche. — Leur vigueur n'est pas cependant, par elle-même, une garantie de valeur morale.

Un caractère à la fois fort et moralement beau ne se développe que par l'attirance d'un idéal noble et désintéressé, et cette attirance suffit. La seule conception d'un idéal de grande beauté est par elle-même passionnante et fait naître en notre cœur les forces qui vont la réaliser.

C'est la passion forte et morale éveillée par un idéal sublime qui nous amène à gouverner notre âme vigoureusement, en subordonnant les passions vulgaires, celles qui nous offrent des satisfactions de nature inférieure.

Ces considérations préliminaires étaient indispensables. Elles vont nous permettre de marquer par quels moyens se développent les vrais caractères militaires, ceux des hommes qui ont à la fois la conception la plus haute du devoir et la puissance de commandement la plus grande.

Élevez-vous tout d'abord à la conception idéale
du rôle de l'officier. Envisagez et comptez les qualités hautes qui font la valeur d'un chef militaire et
le mettent en situation d'obtenir la confiance et la
soumission absolue des hommes qu'il a sous ses ordres. Vous vous rendrez compte que l'officier digne
de ce nom est dans la société un homme d'élite,
car si les qualités nobles peuvent se rencontrer chez
n'importe quel individu, il n'est pas de métier où
elles soient exigées au même degré et en aussi
grand nombre que dans le sien.

Vous rencontrerez ailleurs : la bravoure, le sang-
froid, la résolution, l'honneur, l'esprit de justice et
d'humanité, le patriotisme, le désintéressement,
l'abnégation personnelle, le sens du devoir... Nous
ne pouvons évidemment prétendre que ces qualités
n'appartiennent qu'à nous. Mais, dans presque
toutes les professions, on peut s'en passer plus ou
moins ou ne les avoir qu'à un certain degré, tandis qu'on n'est pas véritablement officier si l'on
manque de l'une ou l'autre d'entre elles. Elles sont
comme les attributs du commandement. Les chefs
militaires sont tenus de donner ces gages de leur
valeur à la nation, pour qu'elle puisse leur confier,
en temps de paix, tous ses jeunes gens, en temps
de guerre, tous ses hommes valides.

Voilà donc une conception noble qui sera pour
vous, si vous avez du cœur, singulièrement atti-
rante. Elle s'installera dans votre âme comme un

idéal constamment présent, c'est-à-dire comme
l'image accomplie de l'être supérieur que vous
voulez passionnément réaliser. Ce sera là votre
règle morale, trouvée par vous-même, introduite
dans votre vie par vous-même, et adoptée définitivement par vous-même. Elle sera, pour ainsi dire,
dans votre sang.

C'est la volonté passionnée de vous élever à ce
degré superbe de hauteur morale qui vous donnera
la faculté de vous observer et de vous maîtriser.
Vous prendrez, pour ainsi dire, le commandement
de votre propre personne morale, pour l'obliger à
acquérir par la pratique journalière l'élévation, la
noblesse ou la force dont l'image vous poursuit.
Journellement, d'instinct, avec une persévérance
inlassable, vous ferez vous-même, avec passion,
votre éducation de commandement. La grande dignité morale qui vous régira vous fera repousser ici
un acte injuste, là, refuser un mensonge, ailleurs,
rejeter une humiliation, prendre sans hésiter une
responsabilité lourde... Le service et la vie seront
pour vous comme un exercice répété de force morale,
et, à ce régime, vous deviendrez un homme de
caractère.

Si maintenant, au culte de votre personnalité
morale, vous savez joindre le culte plus noble encore de l'idéal national auquel vous appartenez,
c'est-à-dire de la patrie, la force supérieure qui est
en vous se mettra d'elle-même au service du devoir

national. D'instinct, vous vous étudierez à user journellement de votre force morale dans le sens du devoir professionnel ; vous y gagnerez, dans la direction que vous avez choisie comme la plus belle, des accroissements de valeur dont vous aurez conscience. Ce sentiment de développement de votre personne morale sera accompagné de satisfactions assez puissantes pour vous faire marcher dans votre voie avec une assurance inébranlable.

Vous serez, vous aussi, un ambitieux, mais d'une sorte particulière ; votre ambition s'exercera dans l'ordre moral, au service de l'idée, et cette ambition singulière commencera par exiger de vous une complète abnégation personnelle. Ou plutôt (car l'abnégation personnelle prise au sens rigoureux de ces termes serait l'anéantissement de la personnalité), votre personnalité morale, commandée par des passions plus hautes, rejettera à une place inférieure les passions basses qui régissent notre vie quand nous y sommes abandonnés.

S'étudier à être maître de soi-même de façon à acquérir par un exercice journalier la force de caractère, vouer cette force au service du devoir professionnel : telle est la marche à suivre pour acquérir l'art de commander, ou plutôt *la faculté du commandement*, dans la haute acception de ce terme. Cette marche, on la suit d'instinct quand on est en la puissance d'un idéal noble.

Le commandement idéal, c'est la collaboration de tous, à tous les degrés de la hiérarchie, dans le devoir de l'armée, sous l'autorité morale et formelle de ce devoir.

Le chef qui veut donner à son action de commandement l'intensité la plus grande et l'efficacité la mieux assurée doit donc commencer par se pénétrer de ce devoir, en exerçant sur lui-même l'effort nécessaire pour s'y vouer définitivement. La force de caractère qu'il lui faut naîtra en lui de la conscience profonde de ce devoir, conscience qui nous oblige à faire journellement acte d'énergie morale pour le pratiquer et pour en assurer l'application autour de nous.

Les autres qualités du commandement : le sang-froid, l'esprit de suite, etc., dérivent de la même préoccupation morale et des actes répétés de volonté persistante qui en résultent.

Enfin, l'autorité du chef repose sur la connaissance et l'acceptation du devoir commun par ses subordonnés. Elle est absolument assurée si le chef s'est assez pénétré du devoir pour le personnifier à leurs yeux.

Si un pareil idéal est difficile à réaliser, on peut du moins y tendre, à la condition d'avoir quelque étincelle du feu sacré.

Ceux qui ont été élevés dans des idées d'intérêt personnel et d'égoïsme sont définitivement impro-

pres au commandement vrai, s'il ne se produit pas
en eux quelque réaction salutaire avant l'âge où
l'homme est formé.

Ceux qui, sans être démoralisés par des tendances égoïstes, ont l'habitude d'une moralité molle et
conciliante et se trouvent trop aveulis pour l'effort
passionnel qu'exige toujours le service de l'idéal,
ceux-là aussi ne peuvent être que des chefs médiocres.

La faculté de se passionner pour un idéal ; l'habitude de s'examiner, de se scruter, de se corriger
soi-même mentalement, de *se commander* : voilà les
qualités premières qui forment la base de l'aptitude
au commandement. On a dit que pour savoir commander il fallait apprendre tout d'abord à obéir.
Cela est très vrai, car le commandement et l'obéissance ne sont guère que les deux faces d'une même
fonction. Peut-être aurait-on exprimé une idée plus
juste encore en disant qu'il faut tout d'abord savoir
se commander à soi-même.

Il est des hommes qui sont très propres à une
sorte de commandement sinon parfaite, du moins
très relevée et très puissante : ce sont ces caractères
généreux et chevaleresques qui se dépensent spontanément en actions nobles. Ils peuvent manquer
d'esprit de suite ; ils n'ont pas toujours les facultés
organisatrices qui sont nécessaires aux chefs militaires, mais ils respirent la loyauté, le courage, la

bonté. Tout animés du sens de l'honneur et de la
solidarité militaires, ils se trouvent portés avec une
spontanéité superbe aux actions nobles et coura-
geuses.

Lorsque de pareils hommes disposent de vieilles
troupes guerrières habituées à voir dans l'honneur
des armes un motif suffisant de dévouement, ils les
trouvent toujours prêtes à les suivre et à se faire
hacher au besoin pour réparer leurs erreurs.

Ces natures généreuses sont en effet sujettes à se
tromper. Par suite de la passion même qui les emporte, leur commandement n'est pas toujours sûr.
Il leur manque souvent la faculté de s'observer, de
se maîtriser. La chaleur de leur sang leur rend dif-
ficiles les devoirs prolongés et patients ; l'action
hardie et courageuse a pour eux trop d'attirance.
En face d'un adversaire moins brillamment doué,
mais plus maître de lui-même, plus apte au *gouvernement* des troupes, leurs qualités splendides pour-
ront ne pas suffire à leur assurer le succès. Le devoir est, chez ces hommes de grand cœur, à l'état
d'instinct. — Ils n'en ont pas la conscience raison-
née ; ils n'en ont pas prévu l'application aux diverses circonstances de guerre ; ils en ignorent pour
ainsi dire les voies et moyens, étant trop généreuse-
ment spontanés pour y avoir longuement réfléchi.

La guerre, ils l'aiment pour les passions nobles
qu'elle suscite en leurs âmes, pour le danger, qui
leur donne la joie de se sentir braves, pour les fati-

gues qu'on surmonte, pour les privations qu'on supporte avec courage, pour les sentiments superbes qu'elle excite en eux et qui les élèvent par instants au-dessus de l'homme.

Ce type de chef militaire est celui qu'on voudrait réaliser, si l'on n'avait à songer qu'à soi-même, si l'on pouvait se permettre de s'abandonner entièrement au culte du moi, dans le sens le plus élevé, en faisant bon marché du reste, c'est-à-dire des résultats de notre commandement, de la vie de nos hommes, du succès de nos combats.

Cette virtuosité guerrière ne suffit plus maintenant. Le chef ne doit pas aimer la guerre pour elle-même ; il n'a plus le droit de s'y jeter avec passion, pour en sortir brillant de gloire. — La gloire, il faut en faire litière aujourd'hui. Les passions guerrières doivent être tenues en bride. Les chefs, par un dernier effort d'abnégation, doivent bannir de leur cœur toute ambition, si haute qu'elle soit, sentir les responsabilités graves, n'avoir souci que du succès de l'œuvre et du salut du pays.

Les natures guerrières ne savent généralement pas commander. Elles veulent tout tirer de leur fonds, elles se refusent à observer, à préparer, à organiser.

On peut — et ceci est un encouragement sérieux pour la masse — parvenir, avec des dons naturels moins relevés, à acquérir une puissance de commandement plus grande, à force de réflexion et de volonté. C'est dans cette éducation obstinée de l'homme par lui-même que nous placerons, si l'on veut, le moyen d'acquérir *l'art de commander.*

L'art de commander est affaire *d'éducation* plutôt que d'instruction. Il ne s'acquiert que par l'effort personnel volontaire ou plutôt passionné.

Le commandement ne s'enseigne pas comme l'histoire, la géographie, les mathématiques. Les meilleures règles parfaitement apprises ne font pas des chefs militaires. — C'est une faculté morale qui existe, à quelque degré, chez certains, qui manque chez d'autres, qu'on peut développer en soi-même par une éducation personnelle volontaire, à force de persistance, sous la pression du sens du devoir.

C'est la conception claire et passionnante du caractère moral de notre fonction qui nous fait officiers lorsque notre âme est assez haute pour l'idéal et notre cœur assez large pour l'abnégation.

VII

Au moment de clore cette étude, il nous reste un scrupule :

Comment se fait-il qu'au cours de cette série de réflexions sur l'art de commander, nous n'ayons trouvé *l'art* nulle part? — Partout nous rencontrons le même devoir, monotone à force de répétition; nous relevons aussi de hautes qualités nécessaires à l'exercice du commandement; mais l'art, où est-il? qu'est-il? quelle part a-t-il dans le commandement?

D'art, il n'y en a pas, si par ce mot nous entendons des artifices, des moyens d'illusion. Le commandement est chose difficile, mais simple et loyale. La question capitale est de savoir se rendre soi-même apte au commandement, en se pénétrant de ses principes, qui sont des devoirs aussi clairs que durs.

L'art..... ce sera, si l'on veut, les règles de conduite que la réflexion et l'expérience nous amèneront à adopter dans la pratique journalière; ce sera la série des dispositions édictées par les règlements,

les mesures d'ordre et de police vérifiées par l'expérience...

L'art, réduit à ces éléments, sera beaucoup, pour
deux qui ne sauront pas s'élever à des vues plus
hautes ; les autres discerneront, derrière les procédés établis par le règlement ou par l'usage, les
principes directeurs de leur fonction, et les règles
strictes du service n'en auront à leurs yeux qu'une
autorité mieux établie.

Du reste, le commandement n'est pas davantage
une science, puisqu'il se réduit dans son principe à
l'exercice d'un devoir.

La science consistera, si nous voulons lui faire sa
part, à étudier et à définir le devoir ; le commandement consistera alors à pratiquer personnellement
ce devoir ; l'art sera la partie *métier*, l'ensemble des
règles pratiques qui servent à assurer les détails du
service, sans qu'il soit besoin de se hausser con-
tinuellement jusqu'aux principes.

Mais ces définitions terminologiques nous impor-
tent peu. Qu'on se garde, dans tous les cas, de *faire
de l'art* en matière de commandement ! C'est tout
le contraire qu'il faut.

Le lecteur équitable n'ira pas, nous l'espérons,
nous prêter gratuitement cette pensée extraordinaire que le sens du devoir militaire supplée à tout,
et qu'il n'en faut pas plus pour faire d'un ignorant
un général en chef. Il est clair que la science de

l'art et de l'organisation militaires, si longue à acquérir, reste indispensable.

Nous parlons ici non de la stratégie, non de la tactique, non de l'organisation, mais uniquement de *l'action de commandement* et des conditions qui font que cette action est pure dans ses visées, strictement dirigée vers le devoir militaire (qui se confond à son origine avec le devoir national), faite pour inspirer une confiance absolue et pour s'imposer à tous avec une autorité capable d'exiger tous les sacrifices.

C'est bien l'esprit de dévouement et d'abnégation personnelle du chef qui est la condition morale de l'autorité de son action de commandement. Tant qu'on sent le chef pénétré du sens du devoir national, on le suit aveuglément : il semble tenir en main le drapeau. Par contre, dès qu'on peut supposer qu'il est capable de diriger les opérations et de disposer de la vie de ses soldats dans l'intérêt de son ambition personnelle, dès qu'on le sent préoccupé d'intrigues ou soumis à des impulsions étrangères au bien public, son autorité apparaît beaucoup moins impérieuse, parce qu'elle a perdu sa base morale.

L'exemple de Napoléon lui-même semble propre à confirmer cette manière de voir, en dépit du caractère prestigieux de son autorité personnelle : **c'est d'abord la Révolution qui lui a préparé son** armée, toute pénétrée du sens du devoir national. Il s'est emparé de cette force incomparable, en la détournant de son emploi naturel pour l'appliquer à la réalisation des conceptions de son génie. Au mobile essentiel, qui est le devoir national commun, il en a substitué d'autres inférieurs, quoique très élevés encore : l'amour de la gloire, le sens de l'honneur des armes, l'ambition. L'organisme puissant qu'il avait trouvé tout fait a continué d'abord à fonctionner sous ces impulsions différentes, en s'appropriant à ses nouvelles tâches.

Mais quand les revers sont venus ; quand, en 1814 et 1815, il a fallu subitement *rentrer dans la fonction normale* et se dévouer à fond pour la sauvegarde de la nation, tout a fait défaut, tout a manqué ; l'action de commandement de l'Empereur sur ses sous-ordres s'est trouvée insuffisante ; on n'a plus reconnu le *devoir national*, dont on s'était déshabitué, et la force énorme qui avait sauvé le pays en 1793 n'a pas reparu.

La guerre que nous attendons aura le caractère national des premières guerres de la Révolution ; les hommes que nous aurons à conduire au feu seront des citoyens brusquement tirés de leurs foyers. Dans ces masses incohérentes, il n'y aura pas eu un fonctionnement d'ensemble ; il n'y aura pas de traditions, aucune habitude du service et de la discipline, aucune expérience de la guerre, de ses fatigues et de ses dangers.

Quel levier employer pour mettre en mouvement ces masses sur lesquelles on dirait que nous n'avons aucune prise? Que faudra-t-il donc faire briller à leurs yeux ou verser dans leur cœur pour les pousser à l'abnégation, au dévouement, au sacrifice? — Le sens du devoir national seul pourra les animer, si on le leur a inculqué et si l'officier sait alors — s'il a su dès le temps de paix — se faire reconnaître par tous comme le représentant et le maître du **devoir civique de guerre.**

L'ART DE COMMANDER

—

NOTES

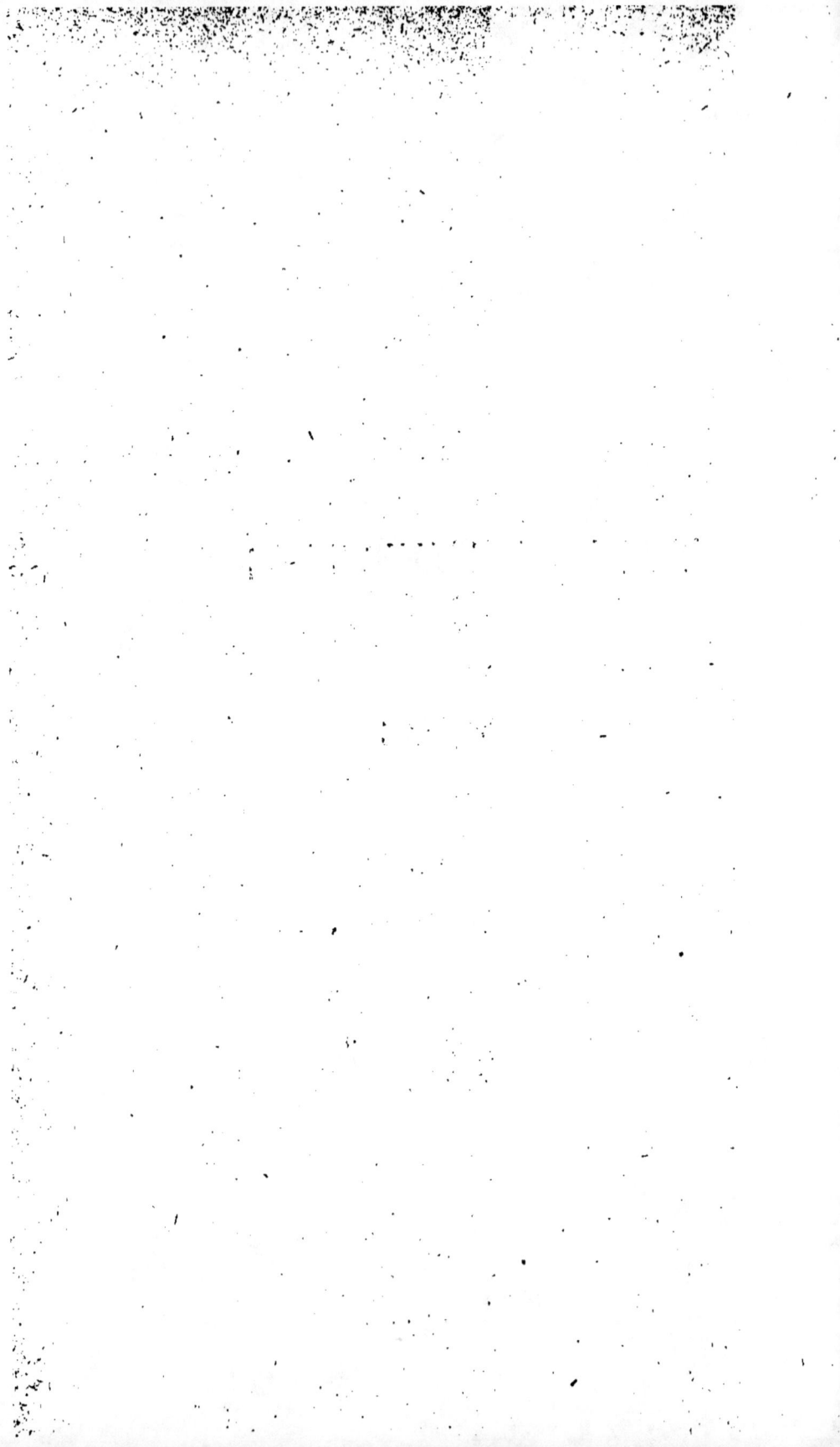

NOTES

——

I

L'ÉTUDE DU COMMANDEMENT

Les principes du commandement ne sont enseignés nulle part dans notre armée. On ne s'en occupe dans *aucune* de nos écoles militaires. — Cela est invraisemblable, mais cela est. — Les jeunes officiers préparés par ces diverses écoles arrivent au corps dénués de toute *éducation* professionnelle. Toute la partie idéale, essentielle, morale, de leurs attributions, c'est-à-dire tout ce qui explique, justifie et détermine les règles de la fonction, leur est inconnu. Ils n'ont aucune idée de la nature du commandement, du caractère et du rôle de l'officier; ce qu'ils en savent est à l'état de pressentiment instinctif chez ceux qui ont l'esprit ouvert et le cœur bien placé.

D'où vient que cette partie essentielle de l'instruction et de l'éducation est ainsi laissée en lacune ? — D'abord, de ce que pour enseigner il faut soi-même savoir ; et la science du commandement est infiniment rare. — Puis des notions de nature morale ne sauraient prêter matière à des examens, la valeur utile de ces notions consistant dans la *conviction* de celui qui les possède et nullement dans sa manière de les exposer. Or, tout ce qui ne donne pas lieu à examen, tout ce qui se dérobe à une appréciation chiffrée, est exclu de notre scolarité militaire. Voilà pourquoi on ne fait même pas connaître les règles courantes de conduite qu'un officier doit s'imposer.

Hors des écoles, dans l'armée, les éléments du commandement ne s'apprennent nulle part.

Un officier peut fort bien terminer sa carrière sans avoir jamais connu les parties hautes de son métier, *sans avoir jamais su commander.*

II

L'ININTELLIGENCE PRÉTENDUE DU MÉTIER MILITAIRE

C'est un préjugé fort répandu que la profession des armes est inintelligente. Bien des gens en sont encore à considérer le militaire comme un homme qui fait servilement tout ce que ses chefs lui ordonnent et qui ne sait que cela.

Il est, à leurs yeux, comme un citoyen *déchu,* privé de ses droits et mis en servage dans l'intérêt commun, obligé d'endurer publiquement des affronts, de se laisser tout dire sans répondre quoi que ce soit, habitué à ne connaître que la caserne et le champ de manœuvres.

Les hommes d'une certaine culture, les esprits libéraux, ou se croyant tels, sont portés à voir en lui l'instrument inconscient d'une œuvre stupide et immorale, une sorte de gladiateur qui ne doit même pas comprendre le triste métier qu'il fait, si l'on veut qu'il le fasse bien.

Ces erreurs proviennent de diverses sources.

Le métier militaire perd en effet toute sa valeur et toute sa noblesse, lorsqu'il est pratiqué sans intelligence et sans dévouement. Pratiqué sans intelligence, il dégénère en occupations futiles, en routines, en puérilités ; pratiqué sans dévouement, il devient très réellement *une servitude*. C'est parce que notre obéissance est un devoir idéal, parce que nous observons ce devoir par un acte d'intelligence et de libre volonté, que notre soumission est noble et digne. C'est une situation vile et ridicule que celle de l'officier qui n'a pas compris et accepté loyalement la discipline ; il faut bien qu'il obéisse, mais tout acte d'obéissance est pour lui un ploiement pénible, *une humiliation ;* il est à l'état de révolté perpétuel, mais de révolté prudent et discret, complaisant pour le maître qu'il craint, servile en définitive le plus souvent, alors que l'homme de devoir, obéissant par conviction personnelle, sans crainte ni humiliation, conserve toute sa dignité.

D'autre part, l'état d'âme de l'officier est rarement compris par la population civile. Ce qu'on apprécie par-dessus tout à notre époque, c'est l'intelligence, et on est assez porté à entendre par là une certaine roublardise, ou du moins la faculté de discerner immédiatement les *dessous* des choses, de n'être jamais dupe, de parler de tout avec aisance ; et c'est de ses propres sentiments surtout qu'il importe de ne pas être dupe, si l'on veut passer pour intelligent.

L'intelligence ainsi comprise est exclusive du dévouement, de l'abnégation ; elle n'a guère d'affinités avec le caractère, le courage, la résolution. Elle n'est que la moindre partie de l'âme humaine, et elle en ignore toutes les autres.

Un homme d'affaires retors, un commerçant enrichi par des adresses douteuses, un banquier arrivé à force de faillites, sont généralement des gens *très intelligents,* quoiqu'ils soient d'une humanité vile et incomplète. Ces hommes voués au culte de l'intérêt personnel considèrent forcément comme des imbéciles les gens d'une humanité plus noble **et** plus complète qui s'engagent dans une carrière où on a l'assurance de rester pauvre, l'obligation d'être honnête, et de nombreuses chances de se faire trouer la peau.

L'intelligence, lorsqu'on la comprend ainsi, est la plus commune et la plus vulgaire de nos facultés.

En réalité, le métier d'officier est de tous celui qui exige l'âme la plus complète et la mieux équilibrée, possédant à la fois le sens idéal du devoir, l'abnégation (presque introuvable hors de l'armée), l'intelligence, le bon sens pratique, la résolution, le courage... Il n'est pas une seule profession qui demande un pareil ensemble de qualités. L'âme militaire n'est nullement une âme déformée ; il n'en est pas de mieux organisée, au contraire, et nous avons le droit de regarder de haut les gens *intelligents* qui ne nous comprennent pas. — Ils ont vraiment par trop de lacunes.

Quant aux hommes *éclairés, libéraux,* qui en

sont encore à nous considérer comme des *tueurs,*
ce sont de ces esprits qui goûtent la science facile.
Ils sont amis des lumières banales, qu'on acquiert à
bon compte et qu'on montre ensuite avec des airs
de supériorité. — Qu'ils prennent la peine de penser par eux-mêmes et de se rendre compte du rôle
national de l'armée. La bataille n'est pas une des
basses œuvres de la nation, confiée à une catégorie
d'hommes inférieurs; elle est une obligation souvent inéluctable du peuple entier, marchant sous la
direction d'hommes qui n'ont jamais trop d'intelligence et de cœur pour le guider dans cette épreuve.

III

L'HUMANITÉ DU COMMANDEMENT

Certaines personnes s'imaginent que l'humanité est un défaut chez un chef militaire. Cette opinion, que j'ai entendu exprimer à des officiers, est extraordinaire.

Il n'est pas de profession qui exige plus impérieusement que la nôtre le sens de l'humanité. Comment admettre que la nation confie ses enfants à un chef inhumain, à un homme qui sera porté à dilapider insoucieusement leur santé et leur vie ? L'humanité envers nos inférieurs est de nécessité évidente.

Veut-on parler de l'humanité envers l'ennemi ? — Là encore ce sentiment est nécessaire ; jamais même l'humanité ne trouve plus d'occasions de se manifester qu'à la guerre. C'est au point qu'elle est un des éléments de l'honneur militaire ; les actes d'inhumanité commis en dehors de l'échange de coups de la lutte ont toujours été considérés comme déshonorants.

En réalité, le vulgaire emploie le mot *humanité* dans un sens faux. Il entend par là la *susceptibilité nerveuse* qui nous fait appréhender la vue des blessures, du sang et des cadavres, quand bien même nous serions les derniers des égoïstes. — On est si humain qu'on ne tuerait pas un poulet, mais on le fait tuer et on le mange.

La lutte n'est pas inhumaine, précisément parce qu'elle est la lutte et que le danger est réciproque; elle n'est pas inhumaine d'ailleurs, puisqu'elle est un acte *forcé,* imposé à l'armée par le gouvernement, au nom de la nation. Elle ne suppose pas des sentiments d'inhumanité chez les hommes qui s'y trouvent engagés. On se bat sans cruauté, souvent même sans haine.

C'est l'organe politique qui ordonne les carnages, trop souvent sans nécessité, et avec une inhumanité stupide. Les armées qui affrontent courageusement ces atroces tourmentes déchaînées par l'ambition ou la sottise des politiciens, en arrosant le sol de leur sang, ont le droit d'en sortir plus fières, et leur gloire est de bon aloi.

IV

L'ABNÉGATION N'EST PAS L'EFFACEMENT DU CARACTÈRE

Les officiers qui craindraient de se voir amenés par l'abnégation personnelle à n'avoir plus qu'un caractère effacé et terne peuvent se rassurer. Le métier pratiqué avec la rigueur d'un devoir leur réserve assez d'épreuves pour leur donner au contraire une trempe incomparable. L'officier qui entend faire entièrement son devoir ne marche qu'en mettant en jeu sa personne et son avenir; il lui faut une énergie soutenue pour éviter les défaillances communes, protéger ses inférieurs, faire respecter son grade et ses insignes, résister aux pressions mauvaises qui poussent à l'injustice ou au mensonge, affronter les responsabilités; bref, assurer l'intégrité, la régularité, la loyauté de la fonction, en dépit des intérêts de toute nature qui s'efforcent de la fausser à leur profit, à la faveur d'influences parfois redoutables.

Ce n'est pas certes de la pratique du devoir que provient l'effacement des caractères. Cette tare de notre époque est un avilissement de notre personne morale sous l'influence prédominante de l'intérêt personnel. Elle se manifeste par la courtisanerie, l'intrigue, l'adulation, les complaisances outrées, le mensonge, la crainte des responsabilités..... L'officier qui en est atteint n'est plus qu'un pantin sans valeur, impropre au devoir, inapte à l'action. C'est au moral **un** être qui ne tient plus debout, une loque.

V

L'ARMÉE ORGANISME VIVANT

Il est clair que l'armée n'est pas un *organisme vivant* dans l'acception stricte, physiologique, de ces mots. L'expression n'en est pas moins juste : elle rend parfaitement la pensée.

L'armée est sans doute un organisme artificiel, inventé par l'homme, mais cet organisme est composé d'êtres humains ; ces hommes, qui sont les derniers éléments de l'ensemble, sont groupés en appareils de fonction ; les lois qui régissent ces fonctions (hiérarchie, discipline, répression, etc.) ont bien été formulées par l'homme, mais elles ne sont pas *artificielles :* elles sont tirées des principes *naturels* qui commandent notre moral ; elles sont, en ce sens, *naturelles.* Cela est tellement vrai qu'on les retrouve dans toutes les armées.

L'armée vit et fonctionne suivant les principes qui président à la constitution morale de l'humanité et que le génie de l'homme a su lui appliquer.

Elle n'a pas qu'une vie *instinctive.* Ce sont des idées, des sentiments, des passions qui l'animent et l'appliquent à sa tâche : l'honneur, le courage, l'abnégation personnelle, le patriotisme... Voilà son âme, âme qui a naturellement aussi ses faiblesses.

Comment donc désigner un être organisé suivant des principes conformes aux lois naturelles de l'humanité, ayant une vie collective, une personnalité morale collective, obéissant à des passions ? C'est bien un organisme *vivant* qu'il faut dire — et nous ajouterons : *pensant* et *moral*.

Les membres de l'armée, pénétrés de sa vie, de ses sentiments, de ses passions, sont seuls aptes à avoir ce que j'appellerai *la conscience militaire*, c'est-à-dire à se rendre compte de ce qui fait la *vie* de l'armée, à ressentir ses passions, à apprécier le jeu de son organisme et de ses forces. Hors de l'armée, ces notions manquent. Les gens intelligents s'imaginent connaître à fond les choses militaires, lorsqu'ils ont une connaissance exacte de la structure matérielle de l'armée. Toute la partie morale et passionnelle leur échappe : elle se compose de sentiments qu'ils ignorent.

Ils la conçoivent le plus souvent comme une masse d'hommes tenus en ordre par une certaine division et ils n'y voient rien de plus. — Chargez un comité ou une commission ou une assemblée de personnes non militaires de régler l'organisation de l'armée : vous verrez ces groupes incompétents tailler en plein drap, retrancher, découdre, recoudre, ajouter, mêler, défaire, refaire, comme s'il s'agissait d'une chose inerte.

Après un court espace de temps de ce régime, l'organisme *vivant*, *moral* et *pensant* n'existera plus. Il y aura toujours une masse d'hommes armés, rangés et répartis dans un certain ordre, sous la forme matérielle et la machinerie d'une armée, mais la *vie collective* aura disparu. Il n'y aura plus ni esprit militaire, ni esprit de corps, ni traditions, ni cohésion, ni énergie... parce qu'on n'aura tenu aucun compte de ces forces qu'on ignore. Tout cela résulte en effet des sentiments spéciaux de l'armée, de son état mental propre, que les militaires seuls possèdent, qu'ils sont seuls capables de manier, de ménager et de conserver.

Un architecte est apte à lui seul à arrêter le plan d'une vaste construction, à juger de l'équilibre des maçonneries, de la résistance des matériaux, à apprécier la valeur d'un projet de bâtiment et à le modifier. — Réunissez un comité de vingt personnes quelconques pour faire le même travail, et tout croulera.

VI

L'EXERCICE RÉEL DU COMMANDEMENT EST INDISPEN-SABLE A L'OFFICIER

L'officier, avons-nous dit, est « celui qui fait profession de commander ». Comment rester officier, dans le sens complet de ce mot, comment conserver *la faculté du commandement,* si on cesse de l'exercer ? Toute faculté qu'on laisse inactive s'affaiblit et s'abolit à la longue. Le cœur et l'esprit se pénètrent d'autres tendances, des tendances suggérées par nos occupations journalières ; les règles pratiques qu'on avait su fixer deviennent flottantes, ne trouvant plus où s'appliquer ; l'officier, le chef militaire, se transforme alors progressivement, dans le sens des nouvelles occupations morales qui le gouvernent : il prend, par exemple, l'allure et la tournure d'esprit d'un employé de bureau, d'un comptable, d'un archiviste ; les formes et les écritures auxquelles il s'adonne, qu'il a l'habitude de manier, deviennent l'objet favori de son activité et comme son instrument de prédilection. C'est désormais dans les écritures, dans les règlements, qu'il cherche ses *voies et moyens ;* il perd le sens de la force spéciale qu'il aura à faire agir en temps de guerre ; le jour où vous lui donnerez le commandement effectif d'une troupe, vous vous apercevrez qu'il n'est plus qu'un comptable ou qu'*un chef militaire dégénéré.*

Quand l'officier *vrai,* celui qui n'est pas privé par un emploi spécial du caractère du commandement, n'exerce qu'une action étroitement limitée sur une unité si faible et si insuffisamment organisée qu'elle ne donne pas l'idée de l'unité réelle de guerre, ses facultés de commandement manquent d'aliment et s'éteignent. Si l'unité qu'on lui donne est sans valeur et sans consistance, si l'effectif disponible varie d'un jour à l'autre par suite des absences, des gardes ou des corvées ; si, tous les jours, une partie de ses hommes lui échappe, son commandement se trouve rompu : il n'exerce plus cette sorte de *gouvernement* qui est le véritable commandement en temps de paix et qui ne produit son effet que par l'unité et la continuité de son action. Ses facultés militaires s'atrophient, faute d'exercice.

Le refus de l'initiative intelligente a des inconvénients analogues. Il produit des inférieurs qui se désintéressent du résultat à atteindre et se jugent sans reproche dès qu'ils ont exécuté strictement nos ordres ou reproduit sur un terrain les dispositifs tactiques du règlement.

Il est indispensable que l'officier exerce le commandement militaire attribué à son grade, qu'il l'exerce dans toute sa plénitude, sans diminutions ni restrictions d'aucune sorte. C'est en forgeant qu'on devient — et qu'on reste — forgeron.

C'est une faute de pousser les officiers d'élite **vers** le service d'état-major, en attachant au brevet des avantages d'avancement. La place de ces officiers est à la tête des compagnies, des bataillons, des régiments. On leur fait le plus grand tort et on **prive** l'armée de ses meilleurs éléments en les vouant à des occupations de bureau où ils perdent le sens du commandement.

Le service d'état-major exige, il est vrai, des aptitudes *spéciales,* mais non un ensemble de qualités supérieur à celui qu'il faut pour exercer le commandement d'une troupe. La fonction d'un capitaine, d'un chef de bataillon, d'un colonel, est infiniment moins relevée, suppose des qualités moins rares et une valeur militaire moindre dans le service d'état-major que dans les troupes.

LA DISCIPLINE DE GUERRE

La discipline de guerre est forcément plus *brisante* que la discipline de paix. Au cours de l'acte de force, on n'a plus le temps d'amender un homme en faute ; il faut bien le remettre au pas ou l'éliminer par les moyens les plus prompts. Nous ne contestons donc pas l'utilité de la *répression* immédiate et exemplaire. Nous disons seulement qu'elle ne constitue pas *le moyen d'action* du commandement. En tant que moyen d'action, elle serait de très faible valeur.

Les moyens de répression en temps de guerre sont réduits à bien peu de chose, si on ne considère que la répression disciplinaire. Quant à la répression pénale, elle n'a qu'une seule peine qui puisse encore faire peur : la mort, et l'on conviendra qu'on ne saurait songer à l'appliquer à toutes les fautes.

Mais, d'ailleurs, est-ce par crainte que vos sentinelles ne passent pas à l'ennemi au lieu de vous garder ? Est-ce par crainte que vos hommes marchent à l'assaut sous le feu ? Quels sont les mobiles qui les commandent ? Pourquoi vous obéissent-ils ?

En réalité, l'homme est pris physiquement **et** moralement dans la masse organisée à laquelle **il** appartient; il en suit les inspirations, il en partage les passions; il marche hardiment en avant dans le rang tant qu'il se dit : *on* n'a pas peur et *on* va bousculer l'ennemi. Il tourne les talons au moment où il est pénétré de cette pensée : *on* ne peut pas continuer, *on* n'ira pas plus loin, *on* va fuir, et il est toujours sous-entendu dans son esprit qu'étant impuissant à lui seul, il fera *comme les autres*.

Imprimez fortement dans l'esprit de chaque homme que, dans le corps auquel il a l'honneur d'appartenir, *on* ne recule jamais. Vous aurez une troupe invincible.

L'homme est sous l'influence toute-puissante de l'esprit de la masse. C'est l'esprit de la masse qui fait la discipline de guerre, et c'est en restant l'inspirateur autorisé de cet esprit, *le maître du devoir commun,* que l'officier maintient son autorité en temps de guerre aussi bien qu'en temps de paix.

La répression exemplaire ne vient qu'ensuite à son rang, comme un auxiliaire indispensable de **l'autorité morale, dont elle n'est ni la source ni le moyen.**

VIII

LA MORALITÉ NATIONALE

La valeur *morale* d'une personnalité collective
nationale est distincte de sa valeur *intellectuelle*.
Telle nation peut occuper le premier rang en civilisation intellectuelle, en science, en littérature, en
art, et se trouver fort arriérée en civilisation *morale*.
— Et cela même au cas où ses citoyens seraient
parvenus à un haut degré de moralité individuelle.
La civilisation *économique*, celle qui se manifeste
surtout par la puissance du commerce et de l'industrie, est également distincte et presque indé-
pendante de la civilisation morale.

La moralité collective d'une nation consiste à
respecter l'humanité entière, le groupe humain, à
se reconnaître des devoirs envers lui, à s'imposer
des règles dictées par l'esprit de devoir humain, à
reconnaître des droits aux nations voisines et à les
considérer comme des sœurs en humanité.

La France est la seule nation qui soit en marche
vers l'humanité, qui se reconnaisse des devoirs

d'une façon assez nette pour s'interdire des actes anti-humains. Elle a sur les autres nations une avance considérable, en fait de civilisation *morale*. Il lui est devenu impossible, par suite de l'élévation de ses sentiments moraux, de brutaliser des populations civilisées, de se les annexer violemment, en les privant de leur patrie, de « saigner à blanc » l'ennemi vaincu. Le plus humble paysan de notre pays a fréquemment, sous ce rapport, des notions hautes inconnues ailleurs, même aux classes dirigeantes.

De même que les individus brutaux ont toujours d'excellentes raisons pour justifier leurs violences, les races avancées en civilisation *intellectuelle* ou *économique,* mais restées au moral en état de brutalité collective, ont des théories ingénieuses pour expliquer leurs cruautés. La guerre est présentée comme la conséquence fatale de la lutte pour la vie ; la conquête et l'oppression auraient la même explication ou dériveraient d'un besoin incoercible d'expansion.

Ces théories de bandits sont absolument fausses. Jamais, lorsqu'une nation a provoqué une guerre, elle n'y a été poussée par une *nécessité d'existence.* Jamais on n'a aspiré à la conquête par besoin d'expansion.

La guerre naît en général :

1º Des appétits brutaux d'un peuple encore en enfance sous le rapport moral ;

2° Des appétits et de l'immoralité barbare des politiques ;

3° De la guerre même et de la conquête, la conquête ayant pour effet de produire une oppression intolérable et de mettre les peuples dans une situation relative contraire à l'ordre humain.

LA BARBARIE DE LA GUERRE

La guerre est l'acte de force de la nation. — Un acte de force n'est par lui-même ni barbare, ni blâmable à aucun titre. Il n'est ni moral ni immoral par lui-même.

Ce qui est immoral, c'est l'emploi de la force à une œuvre mauvaise. C'est la politique qui détermine cet emploi ; c'est l'organisme politique qu'une guerre injuste doit faire qualifier de barbare ou d'immoral ; c'est dans l'âme des politiciens qu'il faut chercher les passions basses qui méritent ces qualifications.

Prenons pour exemple la guerre de 1870. — Tout d'abord, de part et d'autre, les personnages politiques fomentent la guerre ; ils poussent à la lutte stupide ; ils sont à l'envi déloyaux, menteurs, sans cœur et sans entrailles ; vils artisans de meurtres, ils excitent les foules aux tueries qu'ils préparent et qui doivent être absolument inutiles à l'une ou à l'autre nation. La déclaration de guerre lancée stupidement par l'un a été artificieusement provoquée par l'autre. — Toute cette période est ignoble.

Le but est atteint : les deux nations sont aux pri-
ses. Les armées font leur devoir. Elles se montrent
de part et d'autre braves et loyales, admirablement
dévouées et, en définitive, humaines, car les traits
d'humanité abondent dans cette guerre. L'une des
deux, désorganisée et pourvue de chefs incapables
par l'organe de direction gouvernementale, est brisée, réduite à l'impuissance. L'œuvre militaire est
alors terminée : l'œuvre politique recommence.

Cette œuvre est l'abus de force le plus révoltant
qui ait été commis depuis des siècles : la suppres-
sion violente de la patrie, pour des millions d'êtres
humains, l'oppression permanente et systématique,
sans but, sans utilité, stupide, une nouvelle guerre
rendue inévitable par la compression dénaturée des
âmes..., le mensonge, la violence, les expulsions,
la fuite des enfants hors du pays natal, l'angoisse
des vieux parents restés seuls..., voilà ce qu'a semé
la main des politiques, dès que les épées ont été re-
mises au fourreau.

Les deux armées sont restées pures et humaines.
Les hommes politiques se sont montrés vils, sau-
vages et stupides.

Sachez répondre ainsi aux gens qui vous insinue-
ront que le métier militaire est inintelligent et barbare. C'est à l'acte politique que ces qualifications
conviennent. La politique n'a su être jusqu'ici que
du banditisme.

X

LE DRAPEAU

Le drapeau est assurément l'emblème du régiment, dont il représente la personnalité morale. Il a pu n'être que cela à une époque où chaque régiment avait son drapeau spécial différent des autres par les couleurs. Aujourd'hui, il a une signification plus haute : chaque drapeau régimentaire est un exemplaire du drapeau national, marqué au nom du corps chargé de le porter.

Lors de la capitulation de Metz, les régiments étant en fait détruits par la dispersion de leurs éléments en captivité, détruits d'ailleurs en tant qu'unités de force guerrière, les drapeaux perdaient pour ainsi dire, à ce point de vue, leur raison d'être et leur sens : ce qu'ils représentaient n'existait plus. Il était logique de les détruire. Il n'était pas logique de les rendre, l'ennemi recevant comme prisonniers non des régiments organisés, mais des individus désarmés.

De plus, derrière l'armée captive, la nation restait debout ; il n'y avait donc pas lieu d'abaisser ses couleurs devant l'ennemi.

En définitive, il n'y a jamais lieu de rendre les drapeaux. Si l'ennemi les réclame, on lui répond : ils sont brûlés. Le drapeau est fait pour être défendu ou enlevé de vive force *sur le champ de bataille :* c'est là qu'il se déploie comme le signe d'un suprême appel de la nation au dévouement de ses enfants, comme une affirmation haute et claire du devoir au moment critique.

On doit parler sobrement du drapeau à la troupe, le montrer rarement et ne jamais le laisser toucher.

Aujourd'hui qu'il est l'emblème de la nation, il se trouve élevé au-dessus de tout, et l'on ne doit plus, logiquement, l'incliner devant personne.

XI

IRRESPONSABILITÉ DE L'ARMÉE

Lorsqu'en 1823 l'armée française passa la Bidassoa pour aller faire en Espagne une guerre détestable que l'opinion publique désapprouvait, elle avait été incitée par la presse, par la littérature, *à faire demi-tour*. Un groupe de réfugiés français se présenta à ses yeux, agitant le drapeau tricolore, pour la mutiner. Cela fut inutile. L'armée fit sa fonction militaire sans enthousiasme, mais elle la fit et fit bien. Elle ne pouvait y manquer sans devenir dans le corps national un organisme suspect, faussé, inutilisable.

La division absolue des tâches dans l'œuvre nationale est indispensable. Quand l'organe politique a engagé le drapeau, l'organe de force ne saurait en aucun cas refuser l'action. Toute immixtion de l'armée dans la politique mène au régime des *pronunciamentos*. L'armée, organisée uniquement pour l'acte de force, est du reste absolument inapte à apprécier les actes politiques.

Inversement, l'immixtion des hommes politiques dans les choses de l'armée amène inévitablement la **destruction des principes de force.**

L'armée n'est responsable ni des mobiles de la lutte, ni de la déclaration de guerre, ni des suites données à la victoire ; mais elle n'est pas pour cela un être *irresponsable,* ce qui reviendrait à dire *immoral.* Elle est responsable de l'acte de force proprement dit, de l'énergie avec laquelle elle l'exécute, de l'honneur, de la loyauté, de l'humanité qu'elle y apporte.

L'armée n'est donc pas irresponsable et immorale ; elle a une responsabilité morale limitée à l'exercice de sa fonction.

L'armée n'est pas forcément responsable de la défaite. La guerre est aléatoire et l'ennemi peut être supérieur en forces. De plus, il est rare qu'on laisse l'armée présider elle-même à son organisation. C'est un autre organe, l'organe de direction, qui l'augmente, la diminue, la modifie d'après ses propres inspirations ; c'est même l'organe de direction qui lui choisit ses chefs les plus élevés. C'est lui aussi, trop souvent, qui impose certaines dispositions stratégiques. Dans ces conditions, il n'est que juste que les hommes politiques prennent à leur charge morale les défaites causées par des vices d'organisation ou par l'incapacité du chef désigné, ou par les défauts du plan de concentration et des directives stratégiques.

XII

GRAVITÉ DES FAUTES DE DÉTAIL

Nous sommes assez portés à considérer comme tout à fait négligeables certaines infractions de détail aux règles du service. C'est là une erreur grave.

Le commandement est en effet un *fonctionnement organique* et non une succession d'efforts incohérents. Notre service consiste avant tout à assurer *le jeu normal* de la fonction, à en écarter les éléments de trouble, à remettre les choses en place et en mouvement. — Déranger quelque chose dans cet ensemble *une fois par hasard,* un certain jour, recommencer le lendemain, faire de même le surlendemain et continuer ainsi, c'est en réalité mettre l'organe hors de service.

Vous nommez, je suppose, un soldat caporal, non d'après ses notes ou sa valeur présumée, mais sur une recommandation qu'on vous adresse : ça n'est pas grave. L'armée ne s'en portera pas plus mal. D'ailleurs, après tout, cet homme-là peut en valoir un autre, et il ne s'agit que d'une escouade. — Eh bien ! cet homme-là, fût-il même excellent, la mesure est détestable. Elle l'est, quand bien même

elle se produirait une seule fois par extraordinaire.
Vous avez *faussé* quelque chose. Le gradé que vous
avez fait est un *faux caporal.* Il n'a ses galons (et
on le sait) qu'à la suite d'une sorte de détourne-
ment dont vous êtes complice, vous qui avez précisément charge d'assurer dans votre unité la loyauté
de l'œuvre. Il est établi désormais qu'on peut avancer à la faveur ; vos hommes vont *chercher à agir
sur vous ;* vous leur avez donné prise en montrant
que le devoir se prête à des marchandages. Votre
force était la *loi,* qui vous commandait absolument ;
personne n'aurait osé l'enfreindre en votre présence
ou vous proposer d'y manquer. Vous avez dit à qui
voulait l'entendre que votre cuirasse n'était nullement impénétrable, et que l'acier sans tache n'était
que du carton.

Le caporal que vous avez fait n'est pas un vrai
caporal. Il a son péché originel qui va le mettre en
état de démoralisation. Il sait qu'il n'a pas gagné ses
galons, qu'il a été choisi, non pour assurer une fonction, mais pour une raison étrangère au service et en
prenant la place d'un autre, celle du *vrai* gradé qui
attend encore son tour. Il pense avec raison que les
autres parties du service et de l'organisation n'ont
pas le degré de réalité et d'obligation qu'on pourrait croire, que tout cela se tourne et s'arrange au
besoin ; il est autorisé à supposer qu'il se procurera
le galon de sergent par les procédés qui lui ont
déjà réussi... L'acte qui vous a semblé sans impor-

tance a produit un redoutable ferment de désorganisation dont vous êtes responsable.

Toute infraction *voulue* ou *consentie* ou *tolérée* aux règles de l'armée, même dans les plus petits détails, a le même caractère. — La règle est faussée : elle n'est plus une règle ; elle n'existe plus que comme une prescription douteuse ou ambiguë. Il vaudrait mieux de beaucoup la supprimer nettement.

Ce n'est pas chaque détail de service pris séparément qui est important ; c'est la régularité, la loyauté de la fonction, la sûreté du jeu de l'organe. C'est à assurer ces conditions essentielles que nos actes journaliers doivent tendre. — N'accordez jamais rien à une demande irrégulière, refusez toute permission sollicitée par des intermédiaires, ne levez jamais une punition juste, ne signez jamais une chose fausse, n'autorisez personne à faire votre signature, réprimez les menues improbités que d'autres excusent, exigez qu'autour de vous tout, absolument tout, soit vrai, loyal, honnête et fier. C'est cette action persistante *dans les détails* qui est le vrai procédé d'éducation ; elle est aussi et surtout le moyen de vous acquitter de votre devoir essentiel, c'est-à-dire de former votre unité à fonctionner sainement, normalement, par le jeu de son organisme. C'est en poursuivant obstinément *dans les détails* du service journalier l'observation des principes les **plus élevés** de la moralité militaire, que vous im-

planterez cette moralité spéciale dans votre troupe.
L'école du soldat, avec la précision de ses mouvements est, dit-on, une école d'obéissance. — Le
service journalier doit être une école de fonction
collective, une école de moralité professionnelle.

XIII

LA COHÉSION

. La cohésion ne doit pas être confondue avec le coude-à-coude. Aux yeux de quelques officiers, l'image la plus parfaite de la cohésion est une troupe sur deux rangs exécutant des mouvements de précision à la voix de son chef. Cette troupe peut cependant manquer tout à fait de solidité.

Qu'importe qu'un certain nombre d'éléments individuels soient exactement contenus dans une même forme régulière ! Un tas de sable soigneusement dressé en tronc de pyramide par un cantonnier habile a-t-il plus de cohésion qu'un autre ?

La cohésion n'est d'ailleurs pas la soudure des éléments individuels. Une troupe figée dans une forme donnée serait inerte et impuissante.

La cohésion n'est pas une forme ; elle est une force. Cette force n'est nullement l'attribut des formations régulières et serrées. Dans tel cas facile à trouver, une formation dispersée est plus favorable à la cohésion qu'une formation serrée ; elle résiste mieux aux effets de dissociation.

C'est dans l'esprit de la troupe que réside la co-

hésion. C'est là qu'il faut l'implanter. On développe
cette force en l'exerçant. Une marche à l'assaut, un
ralliement, tout fait qui démontre *la solidarité* des
éléments, peut servir à l'enseigner. Il est très important que l'homme n'attache pas le caractère de
la cohésion aux formations serrées, car, s'il se pé-
nétrait de cette idée fausse, il n'aurait plus aucune
confiance dans les autres, et n'y apporterait plus
l'*esprit de cohésion,* qui est indispensable.

XIV

L'OFFICIER DE RÉSERVE

Les officiers de réserve ne sont pas, comme l'officier professionnel, entièrement voués au devoir militaire. Ils n'y consacrent qu'une partie minime de leur temps. Absorbés par leurs occupations civiles, ils ne s'appliquent aux choses militaires qu'à de rares intervalles; c'est sous l'influence de leur profession civile que leur caractère se forme. Leur personnalité morale s'établit en dehors de la vie morale de l'armée; elle est faite de tendances autres que celles qui sont les mobiles du commandement militaire. Enfin l'ensemble de ces officiers ne saurait constituer un *corps*, un agrégat ayant sa fonction d'ensemble, sa responsabilité collective et sa personnalité morale, parce que ces attributs n'admettent ni l'intermittence de vie militaire des formations de réserve, ni la variété d'origine et de condition intellectuelle des cadres de complément.

L'officier de réserve est un citoyen qui reçoit en temps de paix l'instruction pratique nécessaire pour lui permettre d'exercer les fonctions d'officier en temps de guerre. Il est *officier pour la guerre,* et c'est là un rôle assez beau pour que les plus exigeants puissent s'en contenter. C'est, en somme, la mobilisation qui le crée définitivement officier. Jusque-là il est officier en puissance, comme le réserviste est soldat. Pour lui, comme pour le soldat réserviste, les appels du temps de paix sont des appels d'instruction pratique.

Il n'a pas à exercer une action persistante de gouvernement et d'éducation sur l'unité improvisée qu'on lui confie pendant quelques jours.

Il ne fait pas partie du corps des officiers professionnels. Son rôle n'est pas, si l'on veut, inférieur au leur, mais il est différent. Chaque fois qu'on oubliera cette différence de caractère, qu'on cherchera à régler la condition de l'officier de réserve sur celle de l'officier professionnel, on les placera l'un et l'autre dans une situation relative fausse et irritante.

Les corps d'officiers professionnels sont seuls aptes à être les foyers de vie de l'armée; c'est en se rattachant le plus étroitement possible à ces corps et en acceptant loyalement leur direction que les officiers de complément trouveront les moyens de prendre part à la vie morale de l'armée. Les éléments intermittents de l'armée nationale ne sauraient avoir qu'une apparence de vie s'ils sont soustraits à l'action de l'organisme permanent qui détient tous les principes d'existence et tous les moyens d'action.

XV

LES JEUNES SOLDATS

Il n'est guère de situation plus intéressante que celle des jeunes soldats à leur arrivée au corps. L'aspect sous lequel ils aperçoivent tout d'abord les choses de l'armée suffit à leur inculquer une conception parfois définitive et immuable du service militaire. Il est extrêmement important qu'ils soient accueillis comme ils doivent l'être, c'est-à-dire *avec une bienveillance évidente.*

C'est des commandants de compagnie que cela dépend avant tout, et leur manière de procéder à l'égard des recrues est extrêmement différente. Certains, préoccupés de commencer sans retard l'éducation disciplinaire, sont assez portés à affecter tout de suite des dehors raides et durs, à faire sentir à l'homme qu'il n'est rien entre leurs mains, et ils ajoutent encore, sans s'en douter, au sentiment d'annihilation personnelle qui saisit toujours les recrues à leur entrée dans la vie militaire. Ils les poussent à l'inertie, à la soumission résignée et passive. Enfin ils semblent les écarter d'eux au moment où il faudrait les attirer.

D'autres, au contraire, surtout les vieux capitaines
à moustaches blanches qui voient arriver l'heure de
la retraite, ont une façon charmante d'accueillir
leurs nouveaux soldats. Cette grande jeunesse les
émeut et leur plaît, et c'est d'un ton de voix amical
qu'ils leur parlent. Ils leur demandent d'où ils sont,
s'ils vivaient dans leur famille, quelle profession ils
exerçaient, à quel genre de culture ils étaient occupés, s'ils ont l'intention de bien apprendre leur
nouveau métier...

Quelques mots d'encouragement par là-dessus :
voilà un lien établi entre l'homme et l'officier ;
voilà surtout implantée dans l'esprit du jeune soldat
cette idée fortifiante et salutaire qu'il n'est pas livré
comme une matière inerte à une série d'opérations
machinales, mais qu'il est entre les mains de gens
faits pour le comprendre, pour le traiter humainement, pour lui demander *œuvre d'homme,* c'est-à-
dire un travail d'initiative et d'intelligence dans
lequel on comptera sa personnalité pour quelque
chose. C'est la camaraderie militaire, dans le sens
élevé de ce mot, qui reçoit ainsi le jeune soldat sortant de sa famille et qui lui fait accueil.

Il importerait que cette excellente manière de
procéder fût générale ; elle le serait si, au lieu d'o-
béir à des traditions de valeur incertaine, on savait
mieux se rendre compte des idées qui doivent présider à l'incorporation.

L'armée est aujourd'hui, avant tout, une école.

Tous les jeunes hommes de France y passent à leur tour pour y apprendre le plus important et le plus difficile de leurs devoirs envers le pays et pour y acquérir le moyen de le pratiquer. On doit les supposer animés de bonne volonté, nullement disposés à s'insurger contre les nouveaux devoirs qui leur sont imposés. L'officier est celui qui a pour mission de les leur enseigner et de les leur faire pratiquer. Ces jeunes gens sont donc comme des élèves qui viennent se mettre entre les mains de leur instructeur pour apprendre des choses que tout citoyen doit savoir.

Sans doute ils sont aussi des soldats dans toute l'acception du mot, c'est-à-dire soumis à la discipline militaire et justiciables, le cas échéant, des conseils de guerre. Cela est nécessaire et il faut qu'ils le sachent. Mais la répression disciplinaire et la répression pénale n'ont à s'exercer qu'en cas de fautes ou de délits. Les fautes et les délits sont et doivent être chose exceptionnelle ; il serait donc tout à fait illogique de faire aux jeunes soldats l'accueil dur et menaçant qu'on réserverait, pour ainsi dire, à de futurs coupables. C'est, au contraire, comme des gens tout disposés à devenir par la suite de bons soldats qu'il faut les considérer.

Il est tout simple que l'officier leur témoigne de l'intérêt, car c'est là un sentiment qu'il doit éprouver : il est clair qu'en prenant à leur famille un si **grand nombre de tout jeunes gens, pour les grouper** dans ses casernes sous l'autorité de ses officiers, l'État assume par cela même une grande responsabilité. Il se substitue à la famille, protectrice et directrice morale du jeune homme.

On peut donc dire qu'à l'incorporation les officiers reçoivent charge d'âmes et qu'ils sont tenus de prendre avec un intérêt affectueux la direction morale de leurs hommes. Cette direction, ils ne peuvent l'exercer efficacement que s'ils savent acquérir la confiance et le dévouement de leurs subalternes. Si l'officier se rend compte de cette partie élevée de ses attributions, tout devient simple, car alors les sentiments qu'il lui faut montrer, il les éprouve réellement.

Dans le cas contraire, s'il ne se rend compte que des exigences visibles et immédiates du métier, il fera fausse route ; il montrera dès le début à des gens pleins de bonne volonté la discipline comme une menace alors qu'elle est un devoir ; il aura l'obéissance de sa troupe, mais il ne saura pas former le lien moral qui fait qu'un chef est toujours cru, toujours écouté, toujours suivi par ses soldats dévoués devenus ses collaborateurs volontaires. Le lien moral, que nous voudrions voir s'établir de prime abord entre l'officier et le soldat, doit donc bien exister et il est le premier élément de force d'une unité, la cause principale de ce qu'on appelle la cohésion.

XVI

LE MARIAGE DES OFFICIERS

Le droit de se marier librement est indispensable à la dignité de l'officier. C'est par un abus du principe de la subordination, *par un abus de pouvoir*, que l'État s'est mis sur le pied d'infliger à l'officier une diminution morale caractérisée et de le traiter en mineur. Il y a là une question de droit naturel et de droit civil qui prime tout : un homme a-t-il le pouvoir de réglementer par voie de décret les conditions du mariage d'autres hommes, des fonctionnaires de telle ou telle administration ? — Je dis : non. Le fonctionnaire doit sa fonction à l'État ; en dehors de sa fonction il jouit de ses droits civils. Si l'officier est soumis à un régime spécial et placé sous une tutelle humiliante, c'est uniquement parce que l'autorité dispose abusivement contre lui du principe d'obéissance militaire. On interdit à l'officier, le cas échéant, un acte *privé* au nom de la subordination *militaire*.

Toutes les raisons qu'on donne en faveur de l'ingérence de l'État dans le mariage des officiers laissent intacte cette question de droit qui prime tout. Ces raisons sont du reste sans valeur. Pourquoi n'impose-t-on pas les mêmes servitudes aux magistrats, aux professeurs, à tous les fonctionnaires qui ont besoin, eux aussi, de jouir de la considération publique et dont le traitement est peu élevé ? L'officier est-il de moralité inférieure et incapable de se conduire ?

Pratiquement, les dispositions en vigueur n'atteignent même pas le but auquel elles visent : les mariages disparates et les ménages besoigneux abondent, les femmes des officiers d'un même régiment appartiennent aux catégories sociales les plus différentes, la dot exigée [1] disparaît, absorbée par les dépenses du ménage.

Il y a même dans cette sorte de mise en tutelle une cause de démoralisation. Les jeunes officiers surveilleraient davantage certaines relations et hésiteraient à s'y engager s'ils ne se sentaient pas assurés contre le mariage et dégagés de la responsabilité de leurs actes par des règlements trop tutélaires.

Ajoutons que les sous-officiers mariés qui parviennent au grade d'officier introduisent dans le corps d'officiers des femmes qui ont échappé aux conditions imposées.

Tout est donc faux dans cette réglementation. Elle est contraire à la morale et au droit, contraire

---

1. Rappelons que cette deuxième édition de l'*Art de commander* est une édition posthume, et que ce chapitre a été écrit en 1898.

à la dignité de l'officier, pratiquement inefficace et démoralisante.

Cette erreur inouïe dérive d'une idée fausse qui préside à une bonne partie de notre organisation et que je formulerai ainsi : Ces gens-là peuvent mal agir, *donc il faut leur lier les mains.*

C'est ainsi qu'on supprime l'action, l'initiative, la responsabilité et... la moralité, qui est précisément faite d'initiative et de responsabilité.

Toute servitude autre que l'asservissement *volontaire* au devoir est une diminution de dignité et de moralité pour celui qui la subit.

Les observations qui précèdent s'appliquent également à la condition des sous-officiers et des simples soldats. Il faut qu'un soldat parti en permission dans sa famille puisse rentrer au corps ayant contracté mariage sans avoir eu à demander aucune autorisation. *C'est son droit.*

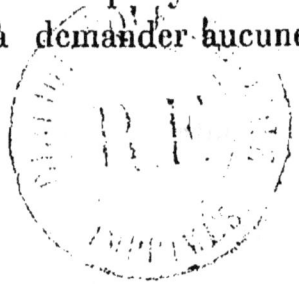

TABLE DES MATIÈRES

PREMIÈRE PARTIE

OBSERVATION ET ANALYSE

Observations raisonnées
sur la nature et les propriétés du commandement.

DEUXIÈME PARTIE

SYNTHÈSE

L'armée. — Le commandement. — L'officier.

NOTES

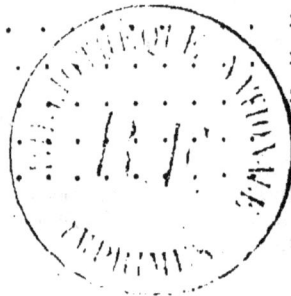

NANCY, IMPRIMERIE BERGER-LEVRAULT

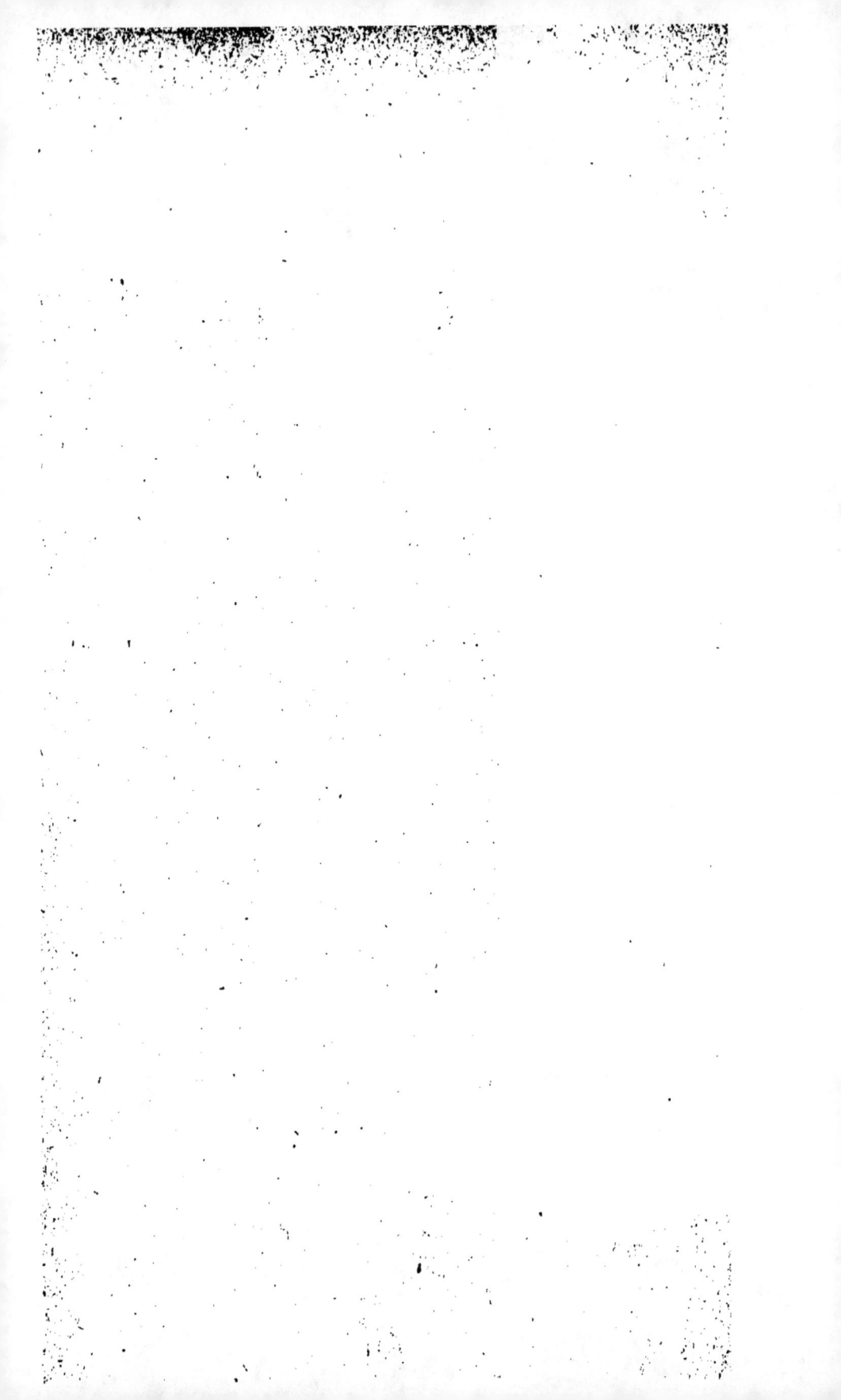

Précis d'Histoire de France et d'Histoire générale, *rédigé conformément aux derniers programmes officiels, à l'usage des candidats aux Ecoles de Sous-Officiers Élèves Officiers et des Élèves Officiers de réserve,* par Émile CHANTRIOT, docteur ès lettres, agrégé de l'Université. 1910. Un volume in-8 étroit de 314 pages, broché. . . 2 fr. 50 — Relié en percaline. . 3 fr. 50

Précis de Géographie, *rédigé spécialement pour le programme d'admission dans les Écoles de Sous-Officiers Elèves Officiers et pour l'admission des Élèves Officiers de réserve,* par le même. 1911. Un vol. in-8 étroit de 390 p., avec cartes, broché. . . . . . . 3 fr. — Relié en percaline. . . . 4 fr.

Conseils et Méthode à l'usage des Candidats aux Écoles d'Aspirants. *Suivis d'environ 1200 questions* posées aux derniers examens à Saint-Maixent, Versailles et Vincennes, par le lieutenant G.-A. BON, du 92e régiment d'infanterie. 1911. Un volume in-8 de 96 pages, broché. . . . . 1 fr. 50

Emplois civils et militaires réservés aux Engagés et Rengagés de l'Armée. (Loi du 21 mars 1905.) *Recueil des sujets de composition* donnés aux examens pour les emplois rangés en troisième catégorie et pour certains emplois rangés en quatrième catégorie (gendarmes, préposés des douanes, agents du poids public). 1911. Un volume in-8 de 117 pages, broché. . 2 fr.

Le Centenaire de Saint-Cyr, 1808-1908. Un vol. grand in-8 de 234 pages, avec 20 gravures, 10 planches en noir et 4 planches en couleurs, br. . 3 fr.

Les Vertus guerrières. Livre du Soldat, par le général Ch. THOUMAS. 6e édition. 1911. Un volume in-12 de 406 pages, broché . . . . 3 fr.

Pour nos Soldats. *Essai d'éducation morale,* par le capitaine ROMAIN, professeur adjoint d'art militaire à l'École d'application de l'artillerie et du génie. (Ouvrage couronné par l'Académie Française.) 2e édition. 1907. Un volume in-12 de 200 pages, broché. . . . . 1 fr. 25

Essai d'instruction morale, par Prosper SIMON, lieutenant de vaisseau. Nouvelle édition. 1906. In-18, broché. . . . . 25 c.

Pour l'Enseignement national. — **Après l'École et au Régiment. Causeries.** *Patrie et armée. Histoire et géographie. Instruction civique. Morale et économie sociales. Hygiène, agriculture, industrie,* par le lieutenant J.-F. ALEXCOCHE, du 26e bataillon de chasseurs. (Ouvrage couronné par l'Académie Française.) 1907. Un volume in-8 de 393 pages, broché . . . . 4 fr.

Mon Livre. *Manuel d'instruction et d'éducation militaires,* par le commandant MONTAIGNE. (Ouvrage couronné par l'Académie Française.) 1910. Un volume in-12 de 164 pages, broché . . . . 40 c.

Pour la France et de bon cœur! *Conseils à un soldat.* 1905. Plaquette in-18 de 12 pages. . . . . 10 c. 25 exempl. 2 fr. — 50 exempl. 3 fr. 50 — 100 exempl. 6 fr. — 500 ex. 15 fr.

La Vie à la Caserne au point de vue social, par Louis GUENNEBAUD, lieutenant au 41e régiment d'infanterie, docteur en droit. 1906. Un volume in-12 de 139 pages, broché . . . . 1 fr. 50

La Compagnie modèle, par le lieutenant DE GUIBERT, du 143e régiment d'infanterie. 1906. Brochure in-12 de 60 pages. . . . . 50 c.

Le Risque militaire et la Solidarité sociale, par le capitaine Léonce DOUSSET. 1907. Un volume grand in-8 de 216 pages, broché . . . . 3 fr. 50

L'Avancement des officiers en temps de paix. 1906. Brochure in-18 de 36 pages. . . . . 50 c.

La Justice militaire, par le lieutenant François BASSIEUX, du 5e régiment d'infanterie. 1907. Brochure in-8 de 29 pages . . . . 60 c.

L'Armée et la Mutualité. *Conférence faite à l'École de Saumur,* par le colonel BOYER. 1906. Grand in-8. . . . . 15 c.

LIBRAIRIE MILITAIRE BERGER-LEVRAULT

PARIS, 5-7, *rue des Beaux-Arts* — *rue des Glacis*, 18, **NANCY**

Du même Auteur :

L'Officier allemand. *Structure du corps d'officiers. — Condition morale et matérielle de l'officier : discipline, recrutement, avancement, instruction, soldes, retraites. — Organisation du commandement.* 1906. Un volume grand in-8 de 314 pages, broché. . . . . 6 fr.

L'Éducation dans l'armée d'une démocratie, par le capitaine LEBAUD. 1908. Un volume in-12 de 206 pages, broché. . . . . 2 fr. 50

Guide-Rappel de Commandement. *Organisation, Avant-postes, Marches, Combat,* par le colonel J.-B. DUMAS, breveté d'état-major, commandant le 34e régiment d'infanterie. 1911. Un volume in-8 étroit de 146 pages, avec figures et une planche, cartonné. . . . . 2 fr. 50

Questions de Philosophie militaire. Instruction et Éducation. *Propos d'un Officier d'Infanterie,* par le capitaine DE RIPERT D'ALAUZIER, du 20e bataillon de chasseurs à pied. 1911. Un volume in-8 de 202 pages, broché. 3 fr.

L'Ame du Soldat. *Essai de psychologie militaire pratique,* par le capitaine VAILLANT, du 74e régiment d'infanterie. (Ouvrage honoré d'une citation de l'Académie des Sciences morales et politiques.) 2e tirage. 1911. Grand in-8 de 72 pages, broché . . . . 1 fr. 25

Du Développement de l'instruction et du caractère de l'officier. 1903. Grand in-8, 57 pages, broché. . . . . 1 fr. 50

Les Forces morales pour la guerre. *Lettres à un jeune officier,* par le général BERNARD, commandant supérieur de la défense et de la place de Lyon. 1908. Grand in-8, broché. . . . . 1 fr. 50

Principes anciens. Tactique moderne. *Nouvelles lettres à un jeune officier,* par le même. 1911. Un volume grand in-8 de 123 pages, broché. . 2 fr. 50

Précis de morale, *destiné au Soldat pendant et après son passage au régiment.* A l'usage également des Sociétés de préparation militaire et des écoles, par A. MASSACRIER, capitaine au 9e régiment d'infanterie. 1911. Brochure in-8 de 55 pages. . . . . 50 c.

Pour la Patrie, par l'École. *Trois conférences aux instituteurs,* par le lieutenant MERCERON, du 90e d'infanterie. 1910. In-8 étroit, 61 pages, cartonné . . . . 1 fr. 25

Pour l'Éducation du Soldat, *Recueil de conférences données aux militaires de différentes garnisons,* par Émile LESUEUR, docteur en droit, avocat près le tribunal civil d'Arras, sous-lieutenant de réserve au 120e régiment d'infanterie. 1909. Un volume grand in-8 de 272 pages, broché . . . . . 3 fr. 50

Méthode d'Instruction du Soldat. *Entraînement, Discipline, Instruction, Progression de l'instruction des jeunes soldats,* par le capitaine Ch. PONT, du 37e régiment d'infanterie, breveté d'État-major. 1906. Un volume in-8 de 83 pages, broché . . . . 1 fr.

Le Soldat et la Section au Service en Campagne, par le capitaine ROUSSEAU, du 69e régiment d'infanterie. 1911. Un volume in-8 de 321 pages, avec 3 croquis, broché . . . . 5 fr.

Préparation à la Guerre, par le commandant DEBEUGNY. 1911. Brochure grand in-8 de 63 pages. . . . . 1 fr. 50

Dressage de l'Infanterie en vue du combat offensif, par le lieutenant-colonel DE GRANDMAISON. Avec une préface de M. le général LANGLOIS, ancien membre du Conseil supérieur de la Guerre. 4e édition. 1910. Un volume in-8 de 188 pages, broché . . . . 2 fr. 50

Le Service à court terme et la préparation de la Cavalerie en vue de la guerre, par le colonel breveté P. SILVESTRE, du 30e régiment de dragons. 1906. Volume grand in-8 de 183 pages, broché. . . . . 3 fr. 50

NANCY, IMPRIMERIE BERGER-LEVRAULT

LIBRAIRIE MILITAIRE BERGER-LEVRAULT

PARIS, 5-7, rue des Beaux-Arts — rue des Glacis, 18, NANCY

Du même Auteur

L'Officier allemand. *Structure du corps d'officiers. — Condition morale et matérielle de l'officier : discipline, recrutement, avancement, instruction, soldes, retraites. — Organisation du commandement.* 1906. Un volume grand in-8 de 314 pages, broché. . . . . **6 fr.**

L'Éducation dans l'armée d'une démocratie, par le capitaine LEBAUD. 1908. Un volume in-12 de 206 pages, broché. . . . . **2 fr. 50**

Guide-Rappel de Commandement. *Organisation, Avant-postes, Marches, Combat,* par le colonel J.-B. DUMAS, breveté d'état-major, commandant le 34e régiment d'infanterie. 1911. Un volume in-8 étroit de 146 pages, avec figures et une planche, cartonné. . . . . **2 fr. 50**

Questions de Philosophie militaire. Instruction et Éducation. *Propos d'un Officier d'Infanterie,* par le capitaine DE RIPERT D'ALAUZIER, du 20e bataillon de chasseurs à pied. 1911. Un volume in-8 de 202 pages, broché. **3 fr.**

L'Ame du Soldat. *Essai de psychologie militaire pratique,* par le capitaine VAILLANT, du 74e régiment d'infanterie. (Ouvrage honoré d'une citation de l'Académie des Sciences morales et politiques.) 2e tirage. 1911. Grand in-8 de 72 pages, broché. . . . . **1 fr. 25**

Du Développement de l'instruction et du caractère de l'officier. 1903. Grand in-8, 57 pages, broché. . . . . **1 fr. 50**

Les Forces morales pour la guerre. *Lettres à un jeune officier,* par le général BERNARD, commandant supérieur de la défense et de la place de Lyon. 1908. Grand in-8, broché. . . . . **1 fr. 50**

Principes anciens. Tactique moderne. *Nouvelles lettres à un jeune officier,* par le même. 1911. Un volume grand in-8 de 123 pages, broché. . **2 fr. 50**

Précis de morale, *destiné au Soldat pendant et après son passage au régiment.* A l'usage également des Sociétés de préparation militaire et des écoles, par A. MASSACHIER, capitaine au 92e régiment d'infanterie. 1911. Brochure in-8 de 55 pages. . . . . **50 c.**

Pour la Patrie, par l'École. *Trois conférences aux instituteurs,* par le lieutenant MERCERON, du 90e d'infanterie. 1910. In-8 étroit, 61 pages, cartonné. . . . . **1 fr. 25**

Pour l'Éducation du Soldat, *Recueil de conférences données aux militaires de différentes garnisons,* par Émile LESUEUR, docteur en droit, avocat près le tribunal civil d'Arras, sous-lieutenant de réserve au 120e régiment d'infanterie. 1909. Un volume grand in-8 de 272 pages, broché. . . . . **3 fr. 50**

Méthode d'instruction du Soldat. *Entraînement, Discipline, Instruction, Progression de l'instruction des jeunes soldats,* par le capitaine Ch. PONT, du 37e régiment d'infanterie, breveté d'État-major. 1906. Un volume in-8 de 83 pages, broché. . . . . **1 fr.**

Le Soldat et la Section au Service en Campagne, par le capitaine ROUSSEAU, du 69e régiment d'infanterie. 1911. Un volume in-8 de 321 pages, avec 3 croquis, broché. . . . . **5 fr.**

Préparation à la Guerre, par le commandant DEBRUGNY. 1911. Brochure grand in-8 de 63 pages. . . . . **1 fr. 50**

Dressage de l'Infanterie en vue du combat offensif, par le lieutenant-colonel DE GRANDMAISON. Avec une préface de M. le général LANGLOIS, ancien membre du Conseil supérieur de la Guerre. 4e édition. 1910. Un volume in-8 de 188 pages, broché. **2 fr. 50**

Le Service à court terme et la préparation de la Cavalerie en vue de la guerre, par le colonel breveté P. SILVESTRE, du 30e régiment de dragons. 1906. Volume grand in-8 de 183 pages, broché. . . . . **3 fr. 50**

NANCY, IMPRIMERIE BERGER-LEVRAULT